国际教育前沿丛书

刘宝存　主编

U0831409

世界教育蓝图与中国教育发展研究

● 谷小燕　著

山西出版传媒集团　山西教育出版社

图书在版编目（CIP）数据

世界教育蓝图与中国教育发展研究／谷小燕著. —
太原：山西教育出版社，2018.9
（国际教育前沿丛书／刘宝存主编）
ISBN 978-7-5440-9954-7

Ⅰ. ①世…　Ⅱ. ①谷…　Ⅲ. ①教育事业-发展-研究
-世界　②教育事业-发展-研究-中国　Ⅳ. ①G511
中国版本图书馆CIP数据核字（2018）第164386号

世界教育蓝图与中国教育发展研究
SHIJIE JIAOYU LANTU YU ZHONGGUO JIAOYU FAZHAN YANJIU

责任编辑　康红刚
复　　审　邓吉忠
终　　审　康　健
装帧设计　薛　菲
印装监制　蔡　洁
出版发行　山西出版传媒集团·山西教育出版社
（太原市水西门街馒头巷7号　电话：0351-4729801　邮编：030002）
印　　装　山西康全印刷有限公司
开　　本　720 mm×1020 mm　1/16
印　　张　12.5
字　　数　204千字
版　　次　2018年9月第1版　2018年9月山西第1次印刷
书　　号　ISBN　978-7-5440-9954-7
定　　价　38.00元

总 序

一

当今世界正处在大发展、大变革、大调整时期，主要表现为以下四个方面。一是国际竞争的加剧。在“冷战”结束以后，世界格局发生了重大变化，世界上一些主要国家都在调整国家目标，力图在急剧变化的世界中为自己定位。各国为了实现国家目标，在新世纪的国际竞争中取得战略有利地位，纷纷把教育改革作为国家整体战略的一部分，作为提高民族素质、增强国际竞争力的战略举措。二是知识经济的发展。世界经济的发展经历了农业经济和工业经济之后，正在进入知识经济阶段。与建立在土地和人口基础上的农业经济、建立在资本和资源基础上的工业经济不同，知识经济是建立在知识和信息的生产、分配和使用基础之上的经济。在知识经济时代，知识、技术和信息成为推动经济发展最重要的因素。知识、技术和信息发展靠创新、靠人才，归根结底要靠教育。因此，教育成为各国应对知识经济挑战的首要途径。三是全球化进程的深入。在经济全球化的影响下，世界各国在政治、经济、文化、教育和社会生活等方面的联系、影响、依赖程度不断增强。全球化同时也加剧了国家之间、地区之间乃至学校之间的竞争，世界各国都把创建世界一流的学校、提升教育的全球竞争力作为战略目标。四是信息技术和人工智能的挑战。信息技术和人工智能的发展正改变着我们的生活方式、工作方式、学习方式、思维方式、价值观念及其物质载体，也为教育的改革与发展提供了更为广阔的空间。国际社会大变革把教育推向社会经济发展舞台的中心，优先发展教育、深化教育改革成为世界性的运动，而提高教育质量、促进教育公平则是这场教育改革运动的主旋律。

如果从历史的角度来考察，20世纪80年代以来世界范围的教育改革，不仅是对当代世界政治、经济、科学技术和文化的大发展、大变革、大调整所带来的挑战的应对，也是基于教育自身发展和改革的需要。纵观风云变幻的20世纪，世界教育经历了前所未有的挑战和改革。20世纪30年代，工业化、城市化所推动的社会全面变革引发了以进步主义教育运动为标志的世界性教育改革运动。进步主义教育直接向传统教育宣战，强调把儿童的兴趣作为教育的出发点，重视职业教育、工业教育、科学教育，倡导以解决问题为核心的教学方法，注重培养学生的合作精神和社会责任感。进步主义教育改革运动使人们反思传统与变革、人文与科学、社会与个人之间的关系，并尝试建立一种新的平衡，但并没有取得预期的效果。20世纪五六十年代，在科技进步、经济发展、民主运动、人口剧增和“冷战”加剧等因素的推动下，以1957年苏联人造卫星的发射为导火线，爆发了新一轮世界性的教育运动。世界各国开始重新审视一度给教育带来一缕新风的进步主义教育思想及其改革运动，结构主义、要素主义教育理论逐渐取代进步主义教育理论取得支配地位，促进中等教育的普及化和高等教育的大众化，改革基础教育课程和教学方法，加强大学的科技人才培养和科学研究，成为国际社会教育改革的主旋律。特别是人力资本理论和终身教育思想的提出，使教育的地位空前提高，改变了人们的价值观念。这一轮的教育改革因70年代的经济萧条戛然而止。因此，20世纪80年代以来的世界教育运动是上一轮教育改革运动在新的社会经济背景下的发展。在中小学教育实现了普及化、高等教育实现了大众化甚至普及化的背景下，世界教育改革的主旋律变成了促进公平、提高质量，也就是为每一个人提供高质量的教育。在新的社会经济背景下，世界各国纷纷把教育放在优先发展的战略地位，打造世界一流的教育体系，确立以培养创新人才为核心的培养目标，改革课程体系和教学模式，加强教育与社会生活的联系，提高教师的待遇和专业化水平，建构终身教育体系，推进教育信息化、教育国际化进程，建立更加灵活、高效的管理机制。与以前的局部改革不同，这是一场关于教育的全面改革，涉及从学前教育到高等教育、从课程教学到管理体制等教育的方方面面；与以前阶段性的教育改革不同，这更是一场长期的教育改革，已经持续30多年的教育改革仍呈方兴未艾之势。

二

自改革开放以来，中国社会发生了翻天覆地的变化。改革开放40年的经济快速增长，使中国从一个经济处于崩溃边缘的穷国一跃而成为世界第二大经济体，人民生活水平大幅度提高，综合国力不断增强。同时，中国也从一个传统社会转变为现代社会，在经济、社会、政治方面实现转型，工业化、城镇化、民主化进程不断加快。经过40年的改革开放，我国社会经济发展进入新阶段。我国面临着国际社会大变革和国内各种社会经济问题凸显的双重压力，既处于新的改革发展战略机遇期，也处于改革的攻坚期和“深水区”。正如《国家中长期教育改革与发展规划纲要（2010—2020年）》所总结的，“我国正处在改革发展的关键阶段，经济建设、政治建设、文化建设、社会建设以及生态文明建设全面推进，工业化、信息化、城镇化、市场化、国际化深入发展，人口、资源、环境压力日益加大，经济发展方式加快转变”。党的十九大明确提出要实现社会主义现代化和中华民族伟大复兴，在全面建成小康社会的基础上，分两步走在本世纪中叶建成富强民主文明和谐美丽的社会主义现代化强国。从现在到2020年，是全面建成小康社会决胜期。要按照十六大、十七大、十八大提出的全面建成小康社会各项要求，紧扣我国社会主要矛盾变化，统筹推进经济建设、政治建设、文化建设、社会建设、生态文明建设，坚定实施科教兴国战略、人才强国战略、创新驱动发展战略、乡村振兴战略、区域协调发展战略、可持续发展战略、军民融合发展战略，突出抓重点、补短板、强弱项，特别是要坚决打好防范化解重大风险、精准脱贫、污染防治的攻坚战，使全面建成小康社会得到人民认可、经得起历史检验。综合分析国际国内形势和我国发展条件，从2020年到本世纪中叶可以分两个阶段来安排。第一个阶段，从2020年到2035年，在全面建成小康社会的基础上，再奋斗十五年，基本实现社会主义现代化。第二个阶段，从2035年到本世纪中叶，在基本实现现代化的基础上，再奋斗十五年，把我国建成富强民主文明和谐美丽的社会主义现代化强国。这一系列战略目标的实现，意味着中国社会将迎来更大的变革，意味着一个真正强国的崛起，也意味着我们必须重新审视我国教育，探讨教育如何适应国家战略的调整，积极改革创新，为国家整体战略服务。

与国际社会的教育改革大势相一致，中国教育以1985年《中共中央关于教育体制改革的决定》为标志开始了前所未有的全面改革。在新的世纪，面对新问题、新矛盾、新挑战，我国在2010年颁布了《国家中长期教育改革与发展规划纲要（2010—2020年）》，对中国教育的发展提出了新的要求：加快从教育大国向教育强国、从人力资源大国向人力资源强国迈进；到2020年，基本实现教育现代化，基本形成学习型社会，进入人力资源强国行列，办出具有中国特色、世界水平的现代教育。教育规划纲要的颁布，宣告了我国新一轮教育改革运动的开始，我国教育进入大改革、大发展、大变化时期。党的十九大报告把建设教育强国作为中华民族伟大复兴的基础工程，要求必须把教育事业放在优先位置，深化教育改革，加快教育现代化，办好人民满意的教育。无论是当前的社会变革还是教育变革，在我国历史上都没有现成的经验可以借鉴，必须从国际社会寻找可供借鉴的理论、经验和发展路径，并在此基础上实现教育理论创新、实践创新和制度创新。一方面，我国教育科学虽然已经有了很长的历史，但是对于教育改革与发展中的许多问题仍然没有一致的认识。因此，当前我国教育研究特别是比较教育研究的一个重要使命就是围绕世界和我国教育改革与发展的重大理论、政策和实践前沿问题开展研究，探索教育发展的规律，把握国际教育发展的趋势，为我国教育改革与发展提供理论支撑。另一方面，在经过40年的改革开放之后，我国教育改革已经进入“深水区”和攻坚阶段，在我国历史上既没有相应的经验可以借鉴，也不可能完全依靠“摸着石头过河”去探索未知的领域。因此，我们必须把视野扩大到国际社会，研究世界各国教育改革与发展的基本理念、政策措施、得失成败，研究世界教育改革发展的基本脉络和发展趋势，尤其是针对我国教育改革发展中的重大问题和紧迫问题，在世界范围内寻求相应的经验，特别是研究发达国家已经走过的道路和经验教训，并根据我国实际探索适合我国国情的政策措施。

三

北京师范大学国际与比较教育研究院创立于1961年，是中华人民共和国成立后设立最早的国际与比较教育研究机构。1981年，被国务院学位委员会批准为比较教育学专业全国第一批硕士学位授权点。1983年，被国务院学位委员会批准为比较教育学专业全国第一批博士学位授权点。1988年，被国家教委（现教育部）确定为国家重点学科，是比较教育领域中唯一的国家重点学科。1999年12月，成为第一批入选教育部普通高等学校人文社会科学重点研究基地的15家科研机构之一，是比较教育学科唯一的重点研究基地。2011年秋季，招收第一届全英文教学国际硕士研究生，开创了我国比较教育学专业国际硕士教育的先河。2012年，与奥地利、德国、芬兰等国大学联合开设欧盟伊拉斯莫（Erasmus Mundus）“高等教育研究与创新”硕士项目，这是我国高校第一次以全面合作伙伴（full-partners）身份全面参与伊拉斯莫项目的招生、教学和管理工作。2012年，入选教育部国别区域问题研究基地，成为教育部国际教育研究中心之一。2013年，在成功举办全英文教学国际硕士项目的基础上，全英文教学国际博士项目顺利招生，成为我国比较教育学专业乃至教育学科第一个开设国际博士教育项目的机构。2017年，加入教育部高校高端智库联盟，成为教育领域首批入选的两家智库之一。

北京师范大学国际与比较教育研究院的基本使命是：1. 围绕世界和我国教育改革与发展的重大理论、政策和实践前沿问题开展研究，探索教育发展的规律，把握国际教育发展的趋势，为我国教育改革与发展提供理论支撑；2. 为文化教育部门和相关部门培养具有国际视野、通晓国际规则、能够参与国际事务和国际竞争的高层次国际化人才；3. 积极开展教育政策研究与咨询服务工作，为中央和地方政府的重大教育决策提供智力支撑，为区域教育创新和各级各类学校的改革试验提供咨询服务；4. 积极开展国际文化教育交流与合作，引进和传播国际先进理念和教育经验，把我国教育改革发展的先进经验和教育研究的新发现推向世界，成为中外文化教育交流的桥梁和平台。

经过50多年的发展，北京师范大学国际与比较教育研究院已经成为我国规模最大、语种最全的国际与比较教育研究机构，语种涵盖英语、俄语、法语、德语、日语、朝鲜语、葡萄牙语、西班牙语等世界主要语种，研究对象包括美国、英国、法国、德国、俄罗斯、日本、韩国、印度、澳大利亚、加拿大、新加坡、芬兰等国家以及联合国教科文组织、世界银行、联合国儿童基金会、欧盟、经济合作与发展组织、亚太经济合作组织等国际组织，研究领域包括比较教育的理论与方法、基础教育比较、高等教育比较、教育政策与管理比较、教育思想比较、文化与教育发展比较、国际教育等比较教育研究的主要领域。

50多年来，北京师范大学国际与比较教育研究院一直是我国国际与比较教育研究的重镇。该院以“立足中国，放眼世界”为指导思想，根据我国社会主义现代化建设和教育改革发展的需要，积极承担起国家重大教育研究任务，取得了一大批高水平的研究成果。这套《国际教育前沿丛书》就是近年该院承担的部分国家级和省部级科研项目的研究成果，我们衷心希望这套丛书的出版能够帮助读者了解国际教育改革与发展的前沿，为我国教育改革与发展提供一些借鉴与启示。

北京师范大学把《国际教育前沿丛书》列为“985工程”重点项目予以支持，山西教育出版社在丛书编辑和出版过程中给予了很大支持，在此特别表示感谢。

刘宝存
2018年2月于北京

目 录

第一章 导论

新制度主义学者认为二战以来的现代世界的社会模式是在欧洲国家社会模式的基础上形成的一个文化意义上的“想象的共同体”，人们生活在一幅由全球性文化规则引导的世界文化蓝图之中。因此，在这个联系日益紧密、信息即时传播、真正相依互动的全球化时代，教育的发展不再仅仅受制于民族国家本身的政治、经济、文化和历史传统的影响，而且还被置于更加广阔的全球视域内，受到世界教育蓝图的影响。一些全球性的教育理念、制度、内容和方式逐渐突显出来，并在全世界范围内迅速传播和扩散。中国作为现代世界社会中的一员，其教育改革和发展也必然要吸取世界教育蓝图中的有用之处。

一、研究缘起

（一）全球性教育发展趋势的突显

受教育，在古代社会是私人的特权，在十八九世纪是民族国家建设的工具，在20世纪是人们普遍享有的权利，是一种在全世界普遍形成的基本的社会制度。国家、组织和协会、个人这些社会行动者通过不同途径为世界教育的发展提供了各种方案、模式和最佳实践范例；社会运动和世界文化系统本身的演进也在不断为教育发展提供新的方向和价值引导，它们共同建构着当今世界教育发展的文化蓝图，指引着教育发展的方方面面。

现代世界在交流和交往方面的日趋融合。国家模式的逐渐标准化（包括恰当的目标、公民的性质和权利等）深刻影响着教育的发展与变革。社会观念（诸如人力资本理念）的转变影响了各国对教育的投入。世界范围内教育专业、组织的融合，促进了教育模式的标准化。世界性和区域性的组织，如世界银行、联合国教科文组织、经合组织等对“教育”概念的定义和推广，也对教育提出了更多的要求。这一切的交织和影响使得当今世界的教育模式变得日益固定化，出现了一些被广泛认可和接纳的教育模式，体现在教育的体制、结构、理念、教学内容和方式、评价手段等诸多方面。

备受全球瞩目的国际学生评估项目（Programme for International Student Assessment，简称PISA）不断把以前的新加坡、韩国，现在的芬兰、中国上海的教育模式推向世界，成为被各国广泛探讨和借鉴的最佳实践范例。由美国大学商学院推出的旨在培养中高级职业经理人的“工商管理专业硕士”（MBA）现已成为各国大学广泛借鉴和实践的教育模式。上海交通大学、英国泰晤士报高等教育增刊等开发的全球大学排行榜已经把美国的大学模式推到了世界前沿，引发了各国建设“世界一流大学”（World-Class University）的热潮。《世界人权宣言》的发表及系列国际人权公约的签署，国际组织对人权理念的宣传和推动，使得“全民教育”和“全纳教育”的理念成为全世界最响亮的口号之一；“教育作为一项基本人权”成为人类社会发展与进步的基石；少数民族、土著群体、较少数群体等长期被社会忽视的群体，他们的特殊教育需要也不断被提上全球公共议程。环境问题的突出、环境科学的发展、世界性环境大会的召开以及系列环境条约的签署，使环保理念被纳入到从幼儿教育到高等教育，从普通教育到职业教育的相关教材之中，成为日常教学中不可或缺的内容。经济学中的人力资本理论早已成为教育政策制定的重要指南，深刻影响着各国在不同教育领域的投入和比例。国家主导的公共教育体系和保障适龄儿童接受教育的权利的义务教育法已经得到全世界所有国家的认可和采纳。联合国教科文组织（United Educational, Scientific and Cultural Orgnization，简称UNESCO）于1976年首次发布的《国际教育分类标准》（经1997年和2011年两次修订）已经成为世界各国对教育系统进行分类的标准框架。国际教育成就评价协会（International Education Assessment Association，简称IEA）开发的一系列教育比较和测评项目也得到世界很多国家的积极参与。“科学、技术、工程、数学”（STEM）已经成为各国教育发展的重点学科，常常作为一个整体出现在教育政策的文本之中。西方自由教育模式所倡导的“培养学生的创新性和批判性思维”已经成为各国教学活动普遍追求的目标之一。

在全球化程度日益深入的今天，全球性的教育现象和世界性的教育发展趋势已经成为各国教育发展不可绕行的参照标准，环顾左右，借鉴他国经验已经成为各国寻求教育改革可行性的重要渠道。

（二）国际组织在教育发展中的角色

国际组织作为现代社会的一个重要参与者，是世界教育蓝图的主要建构者，同时也是教育观念和制度的携带者和传输者，在某些情况下还是躬身实践者。

在这个变革的世界中，国际组织已经成为全球教育改革和发展的引领者。联合国于1948年通过《世界人权宣言》所宣示的“人人都有受教育的权利”已经成为制约和引领全球教育改革和发展的奠基性理念；2000年通过的《千年发展宣言》业已成为其他国际组织和各国政府在新千年制定教育规划、开展教育实践的重要行动指南。

于1945年成立的联合国教科文组织通过扮演“思想实验室、信息交流中心、标准制定者、能力建设者和国际合作促进者”的角色，已经成为引领全球教育改革与发展的“元老”，其活动涉及教育的所有阶段和所有领域。从成立初期的战后教育重建到大规模的扫盲运动，从蹒跚学步的成人教育到轰轰烈烈的终身教育和学习化社会，从“人人都享有的基础教育”到21世纪的“全民教育”甚至“全纳教育”，[①] 从“环境教育、可持续发展教育”到“和平文化教育、语言文化多样性教育、国际理解教育”“迈向知识化社会”，再到今天的“反思教育：向‘全球共同利益’的理念转变”……联合国教科文组织一次又一次地引领着全球教育改革与发展的方向。

经济合作与发展组织（Organization for Economic Cooperation and Development，简称OECD）于1968年首次涉足教育领域，该组织的“教育研究与革新中心”与“教育统计处”联合发布的每年一期的《教育概览：经合组织指标》已经成为各国教育系统相互比较和学习的重要依

① 滕君．游走在“自由主义”与“保守主义”之间——联合国教科文组织教育政策的话语变迁[D]．北京：北京师范大学，2010.

据；而教育统计处于2000年首次开展的“国际学生评估项目”现已吸引了全球72个国家或地区的参与（2015年），成为国际教育评估领域的佼佼者。在该领域，国际教育成就评价协会（Inertnational Evaluation Association，简称IEA）主持开展的“国际数学与科学动态研究”（Trends in International Mathematics and Science Study，简称TIMSS）、“国际阅读素养进展研究（Progress in International Reading Literacy Study，简称PIRLS）、国际公民教育研究（International Civic and Citizenship Education Study，简称ICCS）也吸引了众多国家的参与和关注。

世界银行（World Bank）作为国际教育援助领域的领头羊，以其雄厚的资金和技术支持，通过赠款和贷款项目间接决定着受援国教育政策和实践的优先领域。20世纪80年代，世界银行根据萨哈罗普勒斯研究团队建构的“回报分析率”理论确定了一份“短期教育政策清单”，体现了该团队的三大主张：努力把教育公共支出的重点从职业教育和高等教育转向初等和中等教育；增加高等教育费用中个人承担的部分；以提供贷款的形式帮助个人负担高额学费。[①] 1986年和1995年，世界银行分别出版了《资助发展中国家的教育：政策选择的探索》和《教育领域中的优先投资与策略》，引导各国教育财政投入重点和高等教育收费政策的转变、高等教育贷款体系的建立和完善。

世界贸易组织（World Trade Organization，简称WTO）将“跨境交付、境外消费、商业存在和自然人流动”四种类型的教育作为贸易服务的一部分纳入其《服务与贸易总协定》之中，为教育的进一步交流与合作扫清了障碍，但同时也招致了国际社会的广泛批评与抗议。为此，联合国教科文组织与经合组织一起于2002年、2003年和2004年分别在美国的华盛顿、挪威的特隆赫姆、澳大利亚的悉尼先后召开了三次教育服务贸易论坛，以“跨境教育”的概念取代了“教育服务贸易”，确定了跨境教育的三种形式：人员跨境流动、项目跨境流动和教育机构跨境流动[②]，并于2004年联合发布了《跨境高等教育质量保障措施指南》。

在众多国际组织中，联合国儿童基金会（United Nations International Children’s Emergency Fund，简称UNICEF）是一个专注于儿童保护和

① 张民选．国际组织与教育发展[M]．上海：上海教育出版社，2010:209.

② 周满生．从教育服务贸易到跨境教育——第二届教育服务贸易论坛侧记[J]．教育研究，2004(6):91-95.

发展的机构，是《儿童权利公约》《全民教育宣言》和《千年发展目标》的倡导者和践行者。国际劳工组织（International Labour Organization，简称ILO）和联合国教科文组织一起颁布了《关于教师地位的建议》《关于科学研究人员地位的建议》和《关于高等教育教学人员地位的建议》，大大提高了世界各国教育从业人员的地位。

除了教育理念的创新和教育标准的开发，国际组织同时也是教育制度的传输者。政府间的国际组织通常都有自己的区域和国家办事处，拥有自己的专业项目团队，负责在成员单位本土开展具体的实践性项目。国际非政府组织也会通过各种途径深入到成员国的具体教育活动中，传播先进的教育理念和创新的教育做法。

在中国教育改革和发展的三十年间，众多政府间的国际组织和国际非政府组织从各自关注的优先领域出发，通过不同的途径为中国教育的发展特别是中西部贫困落后地区的教育发展做出了很大的贡献。它们带着各自的理念和国际经验，通过资金援助和技术支持，在中国广阔的土地上开展了各种各样的教育实验项目。

（三）中国教育融入世界教育的必然性

中华人民共和国成立初期，教育发展主要是借鉴苏联模式，长时间被国际组织拒之门外，与西方世界相对隔离。经历了“文化大革命”的动荡，体会到了被国际社会孤立的后果，认识到了“一边倒”外交取向的局限，党中央深刻体会到了重新融入国际社会的必要性。1978年，党的十一届三中全会做出了实行改革开放的伟大决策，中国开始全面恢复与国际组织和西方世界的交往，中国的教育事业也迎来了发展的春天。

中国寻求国际组织协助教育改革最早可以追溯到民国时期，中华人民共和国成立后，由于各种原因长期被国际组织拒之门外，直到1971年中国恢复了在联合国的合法席位之后才逐渐恢复了与联合国教科文组织等其他国际组织的交往。为了更好地开展针对中国的援助项目，一些国际组织开始在中国设立国家或地区办事处，派驻了国际官员并组建了专业的项目团队具体负责中国的各项业务。到目前为止，中国共有23个国际组织的驻华国家或地区代表处，其中关注和实施教育项目的主要有联合国教科文组织、世界银行、亚洲开发银行（Asian Development Bank，简称ADB）、国际劳工组织、联合国儿童基金会和联合国开发计划署（The United Nations Development Programme，简称UNDP）等。

1979年2月17日，在党中央、国务院的批准下，中华人民共和国联合国教科文组织全国委员会正式宣告成立，开启了中国与联合国教科文组织合作的新篇章。[①] 1984年，联合国教科文组织驻北京办事处的设立进一步加深了该组织与中国在教育实践方面的合作。成立于1981年的世界银行驻北京办事处成为中国教育发展最大的资金援助者，同时也是先进理念和创新模式的传播者。专注于儿童权利保护的联合国儿童基金会于1982年在中国设立国家办事处，到现在为止，已经与中国进行了6个周期的合作，开展了150多个项目，为中国的儿童事业提供了超过4.95亿美元的无偿援助资金。[②] 国际劳工组织北京局于1985年成立，为未成年工人和农民工开展了职业技能培训、社区居民教育、妇女与儿童方拐卖教育等，大大提高了中国公民的劳动权利意识。

近年来，中国教育也开始主动地融入世界教育：2000年，中国首次参加了经济合作与发展组织开发的《教育概览：经合组织指标》（Education at a Glance: OECD Indicators）的统计；2009年，中国上海首次参加了经合组织的"国际学生评估项目"；2013年，上海又首次参加了经合组织的"教师教学国际调查"（Teaching and Learning International Survey，简称TALIS）。中国的教育系统被正式纳入了全球比较的框架。

除了恢复与国际组织的交往，中国的教育学界也逐渐开始恢复与西方学界的交往。1961年在周恩来总理的批示下，北京师范大学、东北师范大学、华东师范大学等成立了最早的外国教育研究室，并设立了自己的专业杂志《比较教育研究》《外国教育动态》和《全球教育展望》，专门为中国教育政策和法令的制定提供借鉴和咨询。如今，中国教育的各个领域都已经有了自己的学会或协会，据中国教育学会的统计，现在已经有包括比较教育、学前教育、高等教育、教育政策与法律、音乐教育等46个分会。这些分会在很大程度上都已经国际化了，通过举办或参与本领域的国际学术会议，不断引进国外先进的教育理念，同时也将中国的最佳实践模式推向世界。

随着全球化程度的加深，中国与世界的联系日益紧密，中国的教育

① 中国联合国教科文组织全国委员会秘书处，联合国教科文组织驻北京办事处，编. 中华人民共和国联合国教科文组织全国委员会史迹[M]. 北京：中国联合国教科文组织，2006.

② 许鑫. 共同为中国儿童的美好未来而努力——专访联合国儿童基金会驻华代表魏英瑛博士[J]. 中国民族，2010(9)：34-39.

发展再也不能像过去那样一边倒或故步自封了。一方面，随着中国进入教育改革深水区，任何一项教育改革的实施都必须环顾左右，从其他国家或全球通行的模式中寻求借鉴以获得合法性；另一方面，中国作为现代社会的一个重要行动者，也应该通过国际教育交流的平台将中国的教育理念和最佳实践推向世界，为世界教育蓝图的建构做出自己的贡献。

因此，认识现代世界社会的本质，辨别全球教育的发展趋势和世界教育蓝图的核心要素；同时，认识中国与世界教育蓝图的融合与分离并分析其原因，剖析国际组织在中国教育融入世界教育趋势中的作用，对于中国未来的教育改革试验以及进一步寻求国际组织的援助都非常必要。

二、文献综述

根据上述研究背景，笔者将文献综述的主题确定为“中国与世界教育发展趋势的差距”“国际组织对中国教育发展的影响”。文献的来源主要为图书馆和专业数据库，包括“中国国家图书馆”“北京师范大学图书馆”“斯坦福大学图书馆”；“中国知网数据库”“维普数据库”“万方数据库”“Proquest 数据库”“Springer Link 数据库”“Eric 数据库”和“Joster 过刊数据库”。经检索发现，有关“国际教育援助”的研究较多，有关“世界教育发展趋势”的研究较零散，有关世界教育趋势对中国教育发展影响的研究相对较少。根据本研究的问题和目的，笔者将文献综述的范围框定在以下两个方面：一是有关“世界教育发展趋势”的研究；二是有关“中国教育受世界教育发展趋势影响”的研究。

（一）有关世界教育发展趋势的研究

国内有关“世界教育发展趋势、动态和热点”的研究很多，有的从教育政策、课程、教学方法的维度进行研究，有的从学前教育、基础教育、高等教育、职业教育的维度来谈论本领域的教育改革和发展趋势。还有一些研究把国际组织的教育政策作为当今教育改革的权威来源，分析了不同国际组织在教育领域的政策和主张。

《世界教育发展的新趋势》一文解读了21世纪世界基础教育、高等教育、职业技术教育和成人教育的发展趋势，指出基础教育要普及化、提高质量、改革课程，高等教育要普及化、国际化、提高质量、灵活多样，职业教育要终身化、注重人才培养，成人教育要面向所有社会群体、方式多样化。[①] 张民选等人从各国政府的教育政策和实践及国际组织的教育政策中总结了当今世界教育发展的新追求——公平而卓越。[②] 朱国仁认为新世纪以来国际教育改革的最新动向是：教育优先发展地位得到强化，提高教育质量成为各国关注的焦点，教育全民化进程加速，终身教育实践进一步深化，多样化和综合化趋势明显，教育信息化进程加速，教育管理上的集权与分权平衡化，教育私营化和公立化并存，国际化进程进一步加速。[③] 石炯从教育新闻的角度总结了2006年世界教育发展趋势：中等收入国家高等教育发展迅猛；大学学费上涨与就业困难；各国积极开拓留学生市场，抢夺国际人才；中国成为极具吸引力的留学目的国；中国同各国的教育交流合作进一步扩大。[④]

William K. Cummings等人合编的《国际教育与发展手册：为21世纪的学校、学生和国家做准备》收录了很多关于现代教育改革与发展趋势的文章，既有现代学校的发展和扩散、教育的制度化和全球化、双边和多边国际组织在现代学校制度扩散中的角色、现代教育治理结构的改革、教育政策借鉴、教育公平与质量、全民教育等宏观研究，也有教学与课程改革、公民和道德教育、数学和科学教育、环境教育等专注教学实践的微观研究，还有教育与政治、经济、社会发展等关系的研究以及某些国家的案例研究。[⑤] David P. Baker等人主编的《国家差异和全球趋同：世界文化和学校的未来》一书收录了有关国家教育系统所面临的全球环境、数学教育在全球受到的重视、学校与家庭关系的变化、世界范

① 中央教育科学研究所比较教育研究中心. 世界教育发展的新趋势[J]. 比较教育研究，2002(7):7-12.

② 张民选，朱兴德，吕杰昕，等. 公平而卓越: 世界教育发展的新追求[J]. 教育发展研究，2008(19): 1-5.

③ 朱国仁. 新世纪国际教育改革发展动向及启示[J]. 清华大学教育研究，2010(3): 36-46.

④ 石炯. 从世界看中国教育——2006年全球教育发展趋势分析[J]. 世界教育信息，2007(1): 4-5.

⑤ William K. Cummings，N. F. McGinn. International handbook of education and development: Preparing schools，students and nations for the twenty-first century [M]. Oxford: Pergamon，1997.

围内影子教育系统的兴起、学校安全问题、教育公平等全球性的教育现象和问题的研究。[①]

Phillips W. Jones和David Coleman的《联合国与教育：多边主义、发展及全球化》是一本研究联合国系统教育援助的经典著作，该书全面论述了联合国教科文组织、联合国儿童基金会、联合国开发计划署和世界银行四大国际组织的教育政策、教育援助活动以及相互之间的合作，提出了在全球化时代，这些机构的教育政策、工作模式所应该调整的方向。沈蕾娜、滕珺和乔鹤对联合国教科文组织、联合国儿童基金会和世界银行2011—2012年度出台的教育报告进行了分析，发现这些政策报告除了关注传统的基础教育、弱势群体教育外，学前教育、职业教育和教师教育受到越来越多的重视，并呈现出一些共同的趋势：呼吁加大教育投入、倡导多元融资及合理分配、强调质量第一、重视全方位评价、关注师资短缺问题、引领教师专业发展。[②]

Phillips W. Jones所著的《世界银行对教育的资助：贷款、学习和发展》通过对世界银行成千上万份政策文本进行分析，得出了世界银行教育贷款政策的发展趋势，评估了世界银行教育项目的政策影响。作者认为世界银行正处于全球教育变革的中心，它凭借雄厚的资金实力影响着很多政府的教育政策；它推动了正规教育系统在全球的快速扩展；它也是西方经济和教育观念的主要传播者。[③] Stephen P. Heyneman对世界银行的教育援助哲学进行了研究，并将其分为三个阶段：人力资源开发阶段（1963—1980）；卫生和计划生育阶段（1980—1996）；教育对社会的凝聚作用（1996年以后）。[④] George Psacharopoulos也从经济学的视角分析了世界银行对教育投资的变化趋势——从职业教育向基础教育的扩

① David P. Baker, Gerald K. LeTendre. National differences, global similarities: World culture and the future of schooling[M]. California: Stanford University Press, 2005.

② 沈蕾娜，滕珺，乔鹤. 国际教育发展最新趋势研究——2011—2012年度国际组织教育政策文本解读[J]. 比较教育研究，2013(10):7-12.

③ Phillips W. Jones. World Bank Financing of Education: Lending, Learning and Development[M]. London: Routledge, 1992: 1-5.

④ Stephen P. Heyneman. Development Aid in Education: A Personal Review [J]. International Journal of Educational Development, 1999(19):183-190.

张，从注重效率的同时开始关注公平，注重项目结束后的可持续性。[①] Steven J. Klees，Joel Samoff 和 Nelly P. Stromquist 合编的《世界银行：批评和替代性选择》一书指出了世界银行所探索的核心问题——平等、质量、财政、私有化、教学和学习、性别、人权等所体现出的新自由主义全球化的缺陷。[②] 沈雪霞通过对《世界银行年度报告》《教育年度回顾》《教育部门战略》和《世界银行集团教育战略2020：全民学习》的分析，总结了世界银行在提高基础教育质量方面的立场。[③]

滕珺深度剖析了联合国教科文组织自成立后的六十多年间教育政策价值取向的变化趋势：从成立之初价值理性尊崇的“基本教育理念”到20世纪60年代工具理性凸显的“教育规划理念”，再到20世纪70年代价值理性回归的“终身教育理念”，最后到20世纪90年代两种价值取向融合的“全民教育理念”。[④] 乔鹤分析了联合国儿童基金会的教育政策变迁：1961年至1972年（初涉教育）主要关注初等教育、农业教育、职业培训和青少年指导；1973年至1985年（发展教育）开始关注非正规教育、初等教育、注重早期儿童发展和课程改革；1986年至1999年（普及教育），关注扫盲教育、儿童早期发展、基础教育和促进发展的教育；2000年至今（全民教育）致力于联合国《千年发展目标》和《全民教育宣言》的落实。[⑤]

（二）有关中国教育发展受世界影响的研究

有关“中国教育发展受世界影响”的研究主要包括两个方面：一是受其他国家的教育发展理念和模式影响的研究；二是受国际组织教育理念、政策和援助影响的研究。

有关“其他国家对中国教育发展的影响”的研究很少，谷贤林教授

① George Psacharopoulos. Financing Education in Developing Countries: An Exploration of Policy Options[J]. Comparative Education Review，1988，32(1):118-120.

② Steven J. Klees，Joel Samoff and Nelly P. Stromquist. The World Bank and Education: Critiques and Alternatives [M]. Boston: Sense Publishers，2012: 245.

③ 沈雪霞. 提高基础教育质量:世界银行的立场[D]. 上海:华东师范大学，2011.

④ 滕珺. 价值理性与工具理性的抉择——联合国教科文组织教育政策的话语演变[J]. 教育研究，2011(5): 92-101.

⑤ 乔鹤. 联合国儿童基金会的教育政策及其实践研究[D]. 北京:北京师范大学，2011:89-105.

的《百年回眸：外来影响与中国高等教育发展》一文分析了中国高等教育近百年来所受到的外来影响：20世纪上半叶主要受日本、美国、德国和教会大学的影响，而下半叶则一边倒向苏联模式，[①]改革开放以后又重新开始向西方学习。卢晓中分析了当代世界的高等教育理念对中国整个高等教育发展的影响，包括高等教育大众化、多样化、私营化、国际化、民主化以及高等教育的可持续发展、高等教育质量的保障、高等教育的创新、终身教育和高等教育的学术自由与学术自治等理念，这些理念从政策和法令的层面影响了中国高等教育的改革和发展方向。[②]潘涌评析了外国教育思潮对中国现代教育价值转型的影响：包括杜威教育思想与中国现代教育的生成、苏联凯洛夫教育思想与指令型课程范式的形成、后现代主义教育观与新课程的诞生。[③]

有关“国际组织对中国教育发展的影响”的研究主要集中在联合国教科文组织、世界银行、联合儿童基金会、联合国开发计划署等大型政府间国际组织通过教育援助项目对中国教育实践的影响上。

沈蕾娜从历史的维度描述了三十年来世界银行对中国实施的高等教育贷款项目，分析了不同时代世界银行在高等教育援助领域的不同侧重和偏好。[④]朱生营就世界银行对中国教育的资助情况、世界银行教育贷款的要求和应对措施做了一个总体的描述。[⑤]刘昉详细介绍了世界银行甘肃教育贷款项目的整个运行过程，包括项目资金的使用和分配、项目的执行（管理机构和执行机构的组建、项目的招标、设备的购置和人员的培训）、项目的监督和检查以及项目的投资效益。[⑥]杜育红和梁文艳运

① 谷贤林．百年回眸：外来影响与中国高等教育发展[J]．北京科技大学学报：社会科学版，2001，17(1):80-87.

② 卢晓中．当代世界高等教育理念及对中国的影响[M]．上海：上海教育出版社，2001.

③ 潘涌．论外国教育思潮的影响与中国现代教育的价值转型[J]．社会科学战线，2006(3):230-236.

④ 沈蕾娜．隐形的力量：世界银行的高等教育政策及其影响[M]．北京：高等教育出版社，2011:82-95.

⑤ 朱生营．世界银行对中国的教育贷款研究[J]．铜仁学院学报，2007(1):66-68.

⑥ 刘昉．世界银行贷款甘肃教育项目执行概括[J]．天水师专学报(理科版)，1991(3):1-7.

用“影响力评价”方式对2004年世界银行和英国国际发展部在中国联合开展的“西部地区基础教育发展项目”的效果进行了分析。[①]孙玲对世界银行贫困省教育发展项目的投资效益进行了案例分析，包括项目投资的宏观经济效益和社会效益（项目受益地区的可持续发展、我国政府转移支付模式的转变、项目区“优先发展教育”氛围的形成、项目区基础管理人员素质的提高、项目对当地公共利益和人们观念意识的转变），并探讨了基础教育与社会公平的关系。[②]王根顺、崔艳丽介绍了世界银行“贫困地区基础教育发展”的五个贷款项目，并分析了项目对我国西部基础教育事业特别是女童教育和民族教育发展的促进作用。[③]

乔鹤列举了联合国儿童基金会在中国的教育援助项目，并详细描述了“爱生学校”项目的理念和特点、愿景框架、目标、执行和评估的整个过程。此外，还分析了联合国儿童基金会的教育援助对中国的教育理念、教育政策和教育模式的影响。[④]宋忠赤评析了联合国儿童基金会资助项目对受援地区初等教育的普及、女童教育、师资培训的影响，得出“中国政府相关部门的积极配合是儿基会资助项目成功的重要保障”的结论。[⑤]郑丹分析了联合国儿童基金会的项目在本土化过程中，联合国儿童基金会、教育部行政管理机构、专家学者、项目学校校长之间的利益博弈。研究发现，在国际经验本土化的过程中，与本国既有教育方针政策相一致的国际理念和经验更容易被接受和实施，与本国教育行政管理体制保持一致的项目规划和管理办法能够取得更好的效益。[⑥]傅淳分析了联合国儿童基金会“爱生学校”项目的理念及其儿童权利观的体

---

① 杜育红，梁文艳．教育投入对学生发展的影响——对西发项目影响力评价研究设计的反思[J]．教育学报，2010，6(6)：1-6.

② 孙玲．教育投资效益研究——世界银行贫困省教育发展项目案例分析[J]．教育发展研究，2004(2)：78-81.

③ 王根顺，崔艳丽．浅析世界银行教育贷款对我国西部基础教育的作用[J]．中国农业教育，2008(1)：18-20.

④ 乔鹤．联合国儿童基金会的教育政策及其实践研[D]．北京：北京师范大学，2011：129-142.

⑤ 宋忠赤．联合国儿童基金会的资助与我国农村受援地区基础教育发展[D]．北京：北京师范大学，1997：1.

⑥ 郑丹．国际教育经验本土化的利益博弈——以教育部—儿基会(2006—2010周期)项目为例[D]．北京：北京师范大学，2009：1.

现。[①] 孙若梅详细介绍了联合国儿童基金会在中国的“贫困地区社会发展项目”的目标、项目覆盖地区和内容、项目的组织和管理机构、项目的资金投入和管理、项目监测、项目效果，对我们深入了解联合国儿童基金会在中国的项目运行模式具有重要的参考价值。[②] 此外，为了纪念联合国成立50周年，国家教育委员会撰写了一篇文章来总结联合国儿童基金会与中国教育合作的特点：援助规模不断扩大；注重与中国教育重点工作领域相结合；注重对人的能力和素质的开发；中国政府也非常重视与儿基会的合作。[③] 冯琳通过对联合国儿童基金会项目官员的访谈，总结了联合国儿童基金会的远程教育项目在消除数字化鸿沟、实现教育均衡发展方面的作用。[④]

谢喆平在《中国与联合国教科文组织的关系演进——关于国际组织对成员国影响的实证研究》一书中分析了联合国教科文组织对中国教育发展的影响，并以全民教育为例，详细介绍了联合国教科文组织对中国全民教育政策和实践的影响。[⑤] 孟梅丽介绍了联合国教科文组织的“国际农村教育研究与培训中心”在中国进行的教育实践和探索。[⑥] 付艳萍介绍了联合国教科文组织的联系学校项目在世界各国的实施，包括在中国几所学校的实施情况。[⑦] 陈敏、熊建辉介绍了联合国教科文组织全国委员会成立30年以来所开展的工作，联合国教科文组织北京办事处成立25年以来与中国开展的合作项目以及这两个组织未来面临的挑战和新的

---

① 傅淳．爱生学校与《儿童权利公约》——以学生为本尊重和保护学生权利的教育理念和实践[J]．学术探索，2001(3):88-90.

② 孙若梅．联合国儿童基金会在中国的扶贫调查报告[R]．社会扶贫行为中的政府行为调查报告，2001:367-387.

③ 国家教育委员会．联合国儿童基金会与中国的教育合作[J]．国际贸易，1995(10):41-42.

④ 冯琳．消除数字鸿沟促进教育均衡化发展——联合国儿童基金会与中国合作远程教育项目访谈综述[J]．中国远程教育，2009(19):5-9.

⑤ 谢喆平．中国与联合国教科文组织的关系演进——关于国际组织对成员国影响的实证研究[M]．北京:教育科学出版社，2010.

⑥ 孟梅丽．联合国教科文组国际农村教育研究与培训中心在中国的实践与探索[J]．世界教育信息，2006(3):25-26.

⑦ 付艳萍．联合国教科文组织联系学校项目实践概述[J]．基础教育研究，2011(5):115-120.

规划。[①]沈俊强的博士论文阐述了中国与联合国教科文组织合作的历程和机制，终身教育、全民教育理念与中国“两基”教育概念的融合，“学习化社会”在中国的实践。[②]

潘忠介绍了联合国开发计划署在中国的所有教育援助项目：第一期提出加强对职业和技术教育、各学科管理和各种专业培训的力度；第二期强调有重点和针对性的培训，设立并健全培训机构，编制培训教材；第三期的主题是教育及教学方案，教育制度及其管理方案，教学方法与教材方案；第四期承诺在“全民教育”框架下，根据“中国教育改革与发展的指导路线”，将集中解决农村教育不平衡和质量低下的问题、关注女性上学问题、全面改造农村基础教育、解决教材编制和教师培训的问题。[③]柏杰等人分析了中国在加入世界贸易组织之后，高等教育的体制结构、内容和方式所受到的影响以及应该采取的措施。[④]

已有的研究只是从不同的维度总结了世界教育的发展趋势，但没有回答为什么会出现这些全球性的教育现象和趋势；分析了中国教育发展所受到的外来影响，特别是国际组织的影响，但主要集中在国际组织对华的教育援助项目的描述上，没有回答其他国家和国际组织是以什么样的方式在影响中国的教育改革和发展，缺乏影响机制和渠道的分析；对于中国当今的教育发展方向与全球教育趋势也没有做专门的对比分析，找出其中的相同和不同之处。

三、研究设计

（一）研究问题

本书将研究重点放在以下四个方面：第一，研究现代世界社会的兴起及其对教育发展的影响；第二，回答为什么现代世界社会会出现全球

---

① 陈敏，熊建辉．以开放促合作，以创新求发展——与联合国教科文组织合作伙伴关系研讨会综述[J]．世界教育信息，2010(2):27-31.

② 沈俊强．中国与联合国教科文组织教育合作关系研究——以“全民终身教育”为视角[D]．上海:华东师范大学，2009:1-2.

③ 潘忠．联合国开发计划署援助与中国的发展—— 一个国际多边发展援助案例的研究[D]．北京:中国人民大学，2006:77-83.

④ 柏杰，苏竣．加入 WTO 对我国高等教育的影响及对策[J]．高等教育研究，2001，22(5):21-25.

性或世界性的教育趋势，包括全球性的教育理念、制度结构、监测评价方式和实践模式等；第三，比较中国与世界教育发展趋势的融合与分离之处，并分析其中的原因；第四，分析国际组织作为一个重要的社会行动者，在中国融入世界教育蓝图中所发挥的作用，包括政策层面的咨询和实践层面的项目援助。

具体而言包括以下问题：

◇现代世界社会是怎样形成的？它的本质和核心要素是什么？世界社会的文化蓝图是如何扩散的？

◇在现代世界社会文化蓝图的影响下，世界教育蓝图是如何形成的？世界教育蓝图的核心内容是什么？有哪些全球性或世界性的教育理念、制度结构、评价方式和实践模式？

◇中国与世界教育趋势的融合与分离之处体现在哪里？哪些全球性的理念、制度结构和实践模式得到了中国的采纳，哪些没有？为什么？

◇国际组织作为一个重要的社会行动者，在世界教育蓝图的建构和传播中发挥着什么样的作用？国际组织通过何种方式影响中国的教育发展？

（二）概念界定

1. 现代世界社会

社会学中不同的理论流派对现代世界社会有不同的认识和定义。功能主义认为二战以来的现代世界是一个以生产为中心的全球资本主义经济体系：国家是全球劳动分工的一部分，根据经济实力形成核心—半边缘—边缘体系；国际组织反映的是全球经济发展的要求，是强权国家政治和经济利益的代表；国际间的互动机制是中心通过软硬权力向边缘施加压力。现实主义认为现代世界是由主权国家组成的一个国家间政治体系：国家是理性的行动者，在无序的世界中通过竞争或合作的方式确保自身的利益；国际组织是国家间进行竞争的担保或开展合作的平台或对话机制；国际间的互动机制就是经济和政治上的竞争与合作。制度主义认为现代世界是一个意义共享的文化社会，共同的观念和标准指导人类的行为：国家不是理所当然的存在，是由世界文化所建构出来的一个社会行动者，其行为受世界文化“脚本”的约束和限制，同时也具有修订世界文化“脚本”的能力；国际组织是全球规则的创立者，也是全球性制度和文化规则的携带者和传播者；国际间互动的机制是国际组织、国际会议、专家和科学家对文化规则的传播。[①] 本书采纳制度主义的观点，认为二战以来的现代世界是一个文化意义上的“想象的共同体”，[②] 国家、组织和个人这些社会行动者以社会代理者的身份，与已有的文化系统、社会运动共同建构了现代世界的文化“脚本”，限制和指导着所有社会行动者的行为。

2. 文化脚本和教育蓝图

“脚本”（script）原本是指表演戏剧、曲艺或拍摄电影等所依据的本子，一般载有台词、旁白和故事情节。制度主义学者将“脚本”一词应用到文化领域，认为现代世界中的所有社会行动者都是由先前的文化所建构出来的，并按照已有的文化脚本中活动。本书将“脚本”一词应用到教育领域，认为现代社会的教育发展也受已有文化脚本的制约。

“蓝图”一词原指用铁氰化和铁盐敏化的纸或布曝光后用清水冲洗显影晒成的蓝底白图的相纸，特供晒印地图、机械图或建筑图样用；现在多用来比喻规划或行动计划。本书将“蓝图”一词引用到教育领域，特指由国家、组织和协会、个人三类社会行动者在已有的文化脚本中，以人类集体利益代表的“社会他人”身份所建构出来的引导人类教育活动的指南。国家、组织和协会、个人三类主要的社会行动者在已有文化脚本中为教育发展不断贡献各种理念、方案和模式；社会运动的发展和文化系统本身的演进也不断为教育发展提供新的理念和方向，三者共同建构了一幅指导世界教育发展的蓝图。在这幅教育蓝图中有些理念、方案、模式、工具因为得到全世界的广泛认可和采纳而高度制度化，成为指引人类教育行为的核心要素。

3. 国际组织

我国著名学者梁西教授对“国际组织”给出了一个最简单的定义：即“跨越国界的一种多国机构”。[③] 饶戈平教授则从国际法的视角对“国际组织”给出了一个严格的定义：“由两个以上的国家组成的一种国家

---

① 斯坦福大学弗朗西斯科·拉米雷兹教授(Francisco O. Ramirez)在讲“世界、社会和教育变革”课程时的课件。

② Benedict Anderson. Imagined Communities: Reflections on the Origin and Spread of Nationalism [M]. New York: Verso，1991: 6.

③ 梁西. 现代国际组织[M]. 武汉:武汉大学出版社， 1984: 1.

联盟或国家联合体，该联盟是由其成员国通过符合国际法的协议而成立的，并且具有常设体系或一套机构，其宗旨是依靠成员国间的合作来谋求符合共同利益的目标。”① 张民选教授区分了广义和狭义的国际组织，狭义的国际组织是指政府间的国际组织，即两个以上主权国家的政府为了特定的目的，以一定的协议形式建立的跨国机构；广义的国际组织包括政府间国际组织和非政府间国际组织，即两个政府、团体或个人基于特定的非营利的目的，以一定形式建立起来的机构。② 本书采用张民选教授在融合广义和狭义国际组织基础上给出的定义，即“国际组织是一种跨越国界的多国机构，是两个以上的国家或地区为了特定的目的，以一定形式设立的跨国机构”。国际组织既包括政府间国际组织，也包括广大的国际非政府组织，它们都是现代世界政治结构的重要组成部分和重要的社会行动者。

（三）理论视角

新制度主义兴起于19世纪六七十年代，现在已经成为一个主流的社会学流派，但它并不是一个统一的流派，内部有很多分支，我们通常所理解的新制度主义（New-/Neo-Institutionalism）是指社会学中的制度主义（Sociological Institutionalism）。本书采用新制度主义中的世界社会理论作为分析视角。

新制度主义的世界社会理论视角源于20世纪70年代斯坦福大学社会学系的约翰·迈耶（John W. Meyer）教授及其同事对教育和治理的比较分析，从最初对“为什么二战以后民族国家一个接一个地扩张自己的大众教育?”这个问题的追问和解释，现在已经广泛用于解释社会生活中出现的全球性现象，比如科学的权威以及对环境运动的影响、公民概念的扩大，特别是全球人权机制的出现以及对社会生活各方面产生的巨大影响。

世界社会理论认为行动者、利益、目标都是被游戏规则塑造出来的，为了弄清行动者为什么会采用相同的路线，必须理解共同的规则是怎样产生的，关注身份、脚本和模式。它将社会学的新制度主义应用到全球层面，为我们提供了一个理解二战以来的现代世界社会或秩序的起源、本质和影响的独特视角，在“甄别全球性和区域性的发展趋势，解

---

① 饶戈平．国际组织法[M]．北京:北京大学出版社， 1996:14.

② 张民选．国际组织与教育发展[M]．上海:上海教育出版社， 2010:21.

释跨国性模式的出现、扩散过程及其变异”方面显示了它独特的理论优势。

（四）研究方法

1. 文献研究法

首先，通过图书馆和专业数据库搜集有关世界社会理论的文献，研究现代世界社会的形成、本质以及对世界教育蓝图形成的影响。在此基础上，结合已有的有关世界教育趋势的研究以及与教育相关的主要国际组织的教育政策文件，描绘现代世界教育文化蓝图的核心要素，即全球性的、制度化的教育制度结构、教育理念、最佳实践模式。然后，以《国家中长期教育改革和发展规划纲要（2010—2020年）》政策文本为主要分析对象，以国内其他重要的教育法令和政策为辅，并结合学术界的研究取向，从国家政策和学术研究层面找出了中国当前教育发展方向与世界性教育蓝图的融合与分离之处，并分析了其中的原因。最后，收集国际组织对中国教育的政策咨询文本，分析了国际组织在帮助中国融入世界教育发展趋势中的作用。

2. 案例研究法

本书从已有的有关世界教育发展趋势的文献和主要国际组织的教育政策文本中描绘出了世界教育蓝图的核心内容，包括教育制度结构、理念和实践模式。然后将中国作为世界社会的一个案例，比较中国教育的发展方向与世界教育的发展趋势，找出一致和相悖的地方，并分析其原因所在。此外，在分析国际组织在中国融入世界教育蓝图的过程中，选取了联合国教科文组织、世界银行、联合国儿童基金会和国际劳工组织作为案例，分析了这四大国际组织三十年来对中国教育发展方向的影响途径。

3. 访谈研究法

通过对联合国教科文组织、联合国儿童基金会、国际劳工组织和世界银行驻华代表处相关人员（包括教育代表、项目官员、行政官员、项目团队的某些成员）进行深度访谈，并结合收集到的文献资料，分析了国际组织对华教育援助的重点，各驻华代表处教育援助项目在中国的运行模式、效果以及对中国教育政策制定和实践发展的影响。

（五）研究思路

本书从新制度主义的世界社会理论视角出发，描绘了二战以来现代世界社会的形成及其对教育发展的影响；总结了世界教育蓝图的核心价值和内容；比较了中国教育与世界教育蓝图的融合与分离之处；最后考察了国际组织帮助中国融入世界教育蓝图的途径。具体思路如图1。

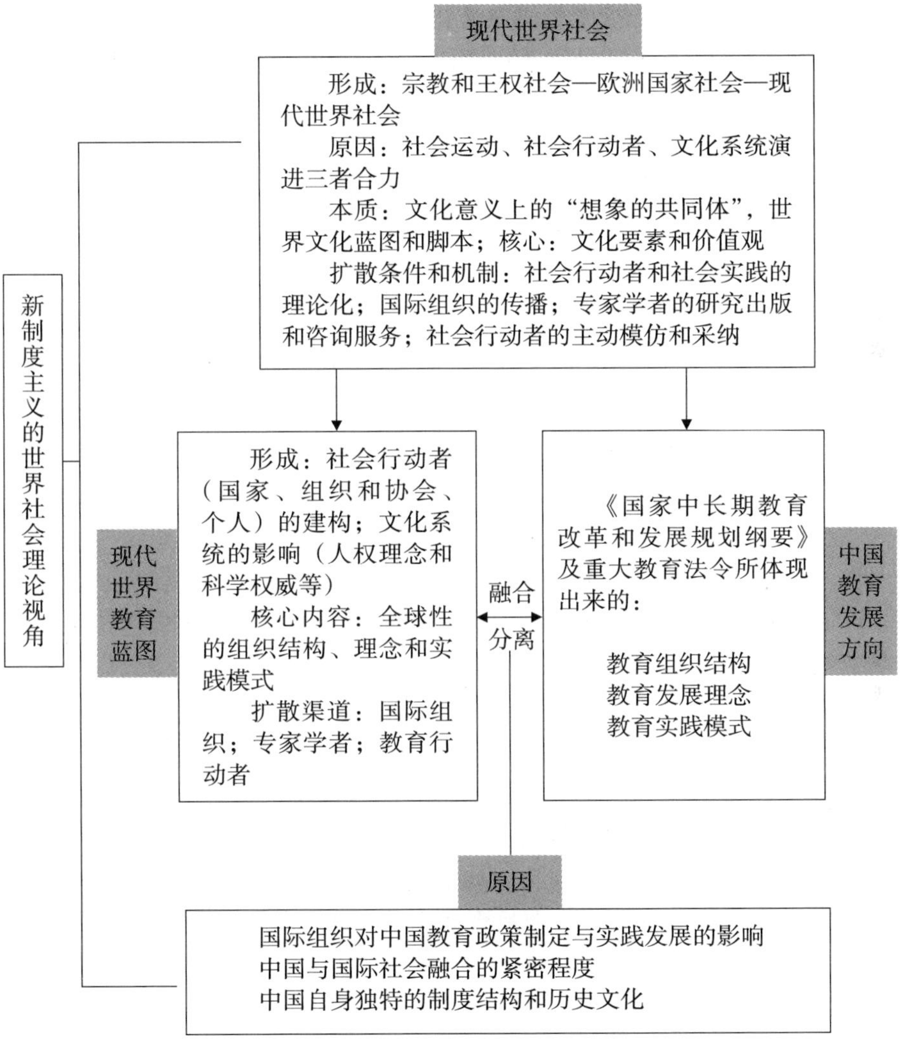

图1　本书的研究框架

本书主要包括四个部分。第一部分为现代世界社会的形成及其对教育发展的影响。简单描绘和勾勒了现代世界如何从宗教主导的教权社会和世俗的王权社会转变为欧洲的民族国家社会模式，又如何在欧洲模式的基础上发展为二战以来的现代世界社会。总结了现代世界社会的本质特征，现代世界社会文化蓝图的核心要素以及这些要素向全世界扩散的条件和途径。分析了在现代世界文化蓝图影响下，世界教育蓝图的形成过程：社会行动者、社会运动、文化系统三者的共同建构。

第二部分为世界教育蓝图的核心价值和内容。总结了现代世界教育蓝图中那些在全球层面高度制度化的要素，包括世界性的组织结构、普世性的教育理念、科学化的教育监测和评价系统、全球凸显的最佳实践模式以及它们在世界范围内的扩散渠道和产生的影响。

第三部分为中国与世界教育蓝图的融合与分离之处。将中国作为世界社会的一个案例，以最能反映中国未来教育发展趋势的《国家中长期教育改革和发展规划纲要（2010 —2020 年）》政策文本为主要依据，并辅以中国教育领域的重要法令，并结合学术界对相关主题的研究情况，来比较中国与世界教育蓝图的融合与分离之处。即哪些组织结构、理念、评价方式和实践模式在政策层面得到了中国的采纳，哪些没有以及为什么。

第四部分为国际组织帮助中国融入世界教育蓝图的途径。从关系搭建、会议交流、政策建议和项目援助四个方面分析了国际组织作为现代世界社会的一个重要文化建构者和制度传输者是如何影响中国教育发展方向的。据此也可以检验新制度主义理论的“松散耦合”论点，即全球模式与本土政策、政策与实践之间的松散耦合。

最后，评析中国与世界教育蓝图的融合程度，总结了中国未来教育改革和发展的方向，包括如何更好地通过与国际组织的合作让中国教育与国际社会接轨，同时也让中国好的教育理念和实践模式通过国际组织的平台走向世界，为现代世界教育蓝图的发展贡献自身的力量。

第二章 新制度主义视角下的世界社会理论

自19世纪六七十年代以来，新制度主义已逐渐成为社会学领域的一个重要流派，与功能主义和现实主义并称为社会学的三大理论。但新制度主义并不是一个统一的流派，其内部有理性选择制度主义、历史制度主义、组织分析的制度主义、世界社会、斯堪的纳维亚制度主义等诸多流派。

其中，世界社会理论以“世界性趋势甄别、跨国数据比较、世界制度和模式扩散过程分析、案例研究”作为主要研究主题，为我们提供了一个理解二战以来的现代世界社会或秩序的起源、本质和影响的独特视角。因此，本书以新制度主义的世界社会理论作为研究视角。

一、新制度主义视角

（一）新制度与功能主义、现实主义视角之比较

自19世纪六七十年代以来，西方社会在回应当时盛行于美国的主流社会学理论“功能主义”和“现实主义”的基础上兴起了一股制度主义复兴的理论思潮，广泛应用于经济学、政治学和社会科学之中，学术界称之为“新制度主义的莅临”。

功能主义视角的代表有依附理论和伊曼纽尔·沃勒斯坦（Immanuel Wallerstein）的世界体系理论；现实主义视角包括传统的国际关系理

论、新现实主义和新自由主义；新制度主义视角包括社会学中的新制度主义和国际关系理论中的建构主义。三大理论视角对世界的本质、民族国家、国际组织、全球与国家和地方的互动机制、全球对教育变革的启示都有着不同的认识，并形成了自己的核心概念。斯坦福大学教育学院的弗朗西斯科·拉米雷兹（Francisco O. Ramirez）教授对这三大视角、对现代世界的认识做了一个详细的比较，详见表1。

表1　功能主义、现实主义、制度主义三大理论视角之比较①

三大理论视角	世界的本质	对国家的认识	国际组织的角色	全球、国家和地方互动机制	对教育变革的启示	核心概念
功能主义 —世界体系理论（沃勒斯坦） —依附理论	• 世界是一个全球的资本主义经济体系（聚焦于生产模式）	• 国家是全球劳动分工的一部分，形成核心—半边缘—边缘体系 • 国家代表理性的和一致的行动者	• 国际组织代表强权国家的经济和政治利益，反映全球经济的要求	• 通过国际组织、区域组织、强权国家进行直接或间接的强制要求（中心施加给边缘的软硬权力） • 强制性的压力反映全球经济的要求	• 教育变革的主要推动力来自全球资本及其要求（Roger Dale 的研究）	• 中心和边缘 • 主导和依附 • 殖民主义 • 发达与欠发达 • 再生产

① 注：此表来自斯坦福大学弗朗西斯科·拉米雷兹教授(Francisco O. Ramirez)在“世界、社会和教育变革”课程中的课件。

（续表）

现实主义 —传统的国际关系理论 —新现实主义 —新自由主义	• 世界是一个国家之间的系统（聚焦于治理模式）	• 国家是重要的行动者 • 国家的利益是先前存在的 • 国家是理性的和一致的行动者 • 国家在无序的世界中竞争确保自己的利益（现实主义） • 国家通过合作更好地实现自己的利益（自由主义）	• 国际组织不重要，仅仅是国家在零和竞争游戏中的担保（现实主义） • 国家通过国际组织展开合作达到利益最大化（自由主义）	• 全球通过国家间的经济和政治竞争与合作对国家和地方产生影响	• 从历史制度主义的视角强调国家和地方文化遗产的存续（Juergen Schriewer 和 Gita Steiner - Khamsi 的研究）	• 权力的平衡 • 理性选择 • 国家主权 • 民主 • 和平理论
新制度主义 —世界社会理论 —新制度主义社会学 —建构主义的国际关系理论	• 世界是一个共享的文化世界（聚焦于观念、标准和意义）	• 国家的利益偏好不是给定的，而是被认为理所当然的世界文化规则所建构和修订出来的 • 国家的行为并不总是理性的和一致的 • 国家不是唯一也不总是最重要的行动者	• 国际组织是全球规则的创立者、携带者和传教者 • 国际组织具有独立于国家的权威和权力	• 国家为了取得合法性常常自愿融入全球性的文化蓝本中 • 全球性的规则和文化通过国际组织、会议、专家学者和科学家向全球扩散	• 教育变革由世界标准、规则而推动（Francisco O. Ramirez 和 John Meyer 的研究）	• 全球规范和规则 • 合法化 • 同形（全球相似）和松散耦合（政策与实践之间的差距） • 理性化和专业化

对世界的看法：与现实主义和功能主义视角将世界看作一个政治或经济主导的体系不同，世界社会理论将现代世界看作一个文化意义上的“社会”，一个“想象的共同体”。①

对国家的理解：功能主义和现实主义认为社会行动者是具有一定偏好和自身利益的“理性人”，功能主义将国家看成是全球劳动分工体系的一部分，不同国家按实力分布在“中心—半边缘—边缘”的世界体系中；现实主义认为国家是无序世界中带有自身利益和偏好的理性竞争者或合作者。而世界社会理论认为“是作为世界社会结构不同切面的国际制度、世界文化、全球性专业人员、跨国性协会组织在全球层面塑造了国家、组织和个人的身份、结构和行为”，②社会行为不过是行动者对全球制度和结构中的文化、知识和权威所建构出来的蓝图的演绎，国家只是世界文化所建构出来的行动者之一，它们的利益不是给定的，会随着世界文化蓝图的变化而变化。

对国际组织的观点：功能主义认为国际组织是强权国家经济和政治利益的代表；现实主义将国际组织看作是国家之间竞争的担保、合作与对话的平台；新制度主义认为国际组织是独立于国家的机构，是全球规则的创立者、携带者和传教者。

对全球、国家和地方互动机制的看法：功能主义的互动机制是霸权和强制性压力；现实主义是竞争与合作；新制度主义是全球文化规则的扩散与国家的主动容纳。

核心概念：功能主义提出“中心—边缘”“主导—依附”“发达—欠发达”“霸权”“殖民主义”“再生产”；现实主义强调“权力制衡”“理性选择”“民主与和平”“国家主权”；新制度主义关注“全球规则”“合法化”“同形与松散耦合”“理性化与专业化”。

对教育研究的启示：功能主义认为全球经济发展是教育变革的推动力；现实主义强调历史和本土遗产对教育的影响；新制度主义认为是全球规则和标准的变化导致了教育的变革。

---

① Benedict Anderson. Imagined Communities: Reflections on the Origin and Spread of Nationalism[M]. New York: Verso，1991: 6.

② Evan Schofer，Ann Hironaka，David J. Frank，et al. Sociological institutionalism and world society[J]. The Wiley-Blackwell Companion to Political Sociology，2012，33: 57.

（二）新制度主义的核心观点及其流派

我们通常所理解的新制度主义是指社会学中的制度主义分析。总的来说，新制度主义分析将注意力从“个体的社会行动者”身上转移到了这些行动者所嵌入的“社会情境和环境”。[①] 但新制度主义并不是一个统一的流派，基于对制度环境以及行动者与环境的关系的不同认识，出现了理性选择制度主义、历史制度主义、组织分析制度主义、世界社会、斯堪的纳维亚制度主义等诸多流派，具体关系如图2。

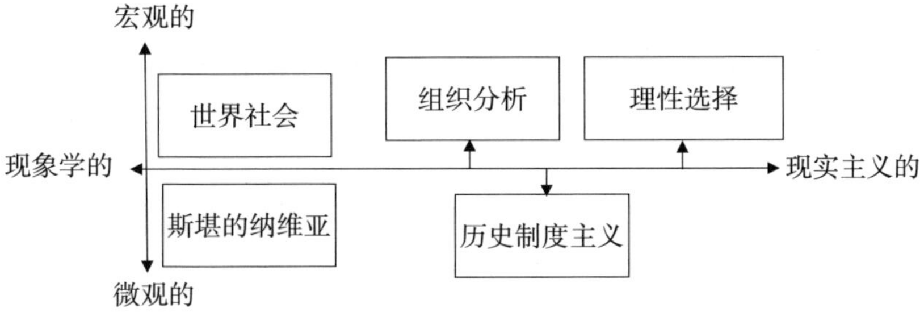

图2　新制度主义各流派的关系图[②]

我们可以根据“现实主义的”和“现象学的”两个维度将这些流派排列于横坐标之上。“现实制度主义的”学者认为行动者是理所当然存在的追逐利益的“理性人”，他们根据利益建构和选择制度但同时也受制于已有的制度环境；“现象学制度主义的”学者认为行动者是被已有的制度和文化建构出来的“舞台演员”，在一定的社会脚本中行动，他们受制于已有的制度但同时可以做出战略性的选择，在一定程度上推动制度的变革。

靠近“现实制度主义”的一端的首先是理性选择制度主义，主要分析行动者选择特定制度安排的原因，广泛用于经济学和政治学研究之中，如美国的国会立法、私有财产、威廉姆斯的交易成本理论。理性选择制度主义“强调行动者具有一定的行为偏好”“肯定战略互动在集体

① Robert Alford et al，eds. Handbook of Political Sociology [M]. New York: Cambridge University. 2005.

② 此图来自斯坦福大学社会学系约翰·迈耶(John W. Meyer)教授的阐释。

决策中的作用”。[①]

其次是历史制度主义，将“制度”定义为镶嵌于政治或政治经济组织结构之中的正式或非正式的程序、惯例、规则和协约等。[②] 主要用于解释“制度的起源和变化过程”[③]，强调“路径依赖”和“重要关头”，行动者可以在已有制度提供的可能性中做出选择。

然后是组织分析的新制度主义，认为组织是被已有制度环境所建构出来的一个重要行动者，正式的组织结构已经成为一种高度制度化的“神话和仪式”[④] 在全球扩展。组织分析的制度主义主要研究组织与环境的关系、组织结构的同形、组织结构与实践活动的松散耦合。

靠近“现象学制度主义”的一端是世界社会和斯堪的纳维亚制度主义，研究社会建构的现实以及这些制度环境对行动者身份的建构和行为的影响。世界社会理论是将新制度主义的视角应用到全球层面，从宏观角度分析世界模式的兴起以及对行动者产生的影响、制度在全球范围内的扩散以及制度扩散的条件、世界模式与行动者内部结构、政策与实践之间的松散耦合。斯堪的纳维亚制度主义则从微观角度分析制度在扩散过程中发生的变异以及个人和其他行动者在制度转化过程中扮演的角色。

二、世界社会理论

（一）世界社会理论的核心概念和论点

新制度主义的世界社会理论视角源于20世纪70年代斯坦福大学社会学系的约翰·迈耶教授及其同事对教育和治理的比较分析，它将社会学的新制度主义应用到全球层面，为我们提供了一个理解二战以来的现代世界社会或秩序的起源、本质和影响的独特视角。世界社会理论认为

① Peter A. Hall，Rosemary C. R. Taylor. Political Science and the Three New Institutionalisms[J]. Political Studies，1996，44(5):936-957.

② Peter A. Hall， Rosemary C. R. Taylor. Political Science and the Three New Institutionalisms[J]. Political Studies，1996，44(5):936-957.

③ Kathleen Thelen. Historical Institutionalism in Comparative Politics[J]. Annual Review of Political Science，1999，2:369-404.

④ John W. Meyer，Brian Rowan. Institutionalized Organizations: Formal Structure as Myth and Ceremony[J]. American Journal of Sociology，1977，83: 340-56.

行动者、利益、目标都是被游戏规则塑造出来的，为了弄清楚行动者为什么会采用相同的路线，必须理解共同的规则是怎样产生的，关注身份、“脚本”和模式。

世界社会理论在某些场合又被称为世界政治、世界文化，其核心概念包括理性化与制度化、神话和仪式、行动者、扩散、全球化等。

理性化是指手段与目的之间的纽带，即用标准化的规则来指导日常生活以实现特定的目的。制度化是指一组实践活动成为一种规范和认知意义上的存在，在现实中被当成合法的、理所当然的存在。现代世界是在西方社会的基础上被高度制度化和理性化的世界社会，这些制度化规则以文化理论、意识形态和惯例的形式来指导社会如何或应该如何运转以达到共同的目标，特别是“进步和正义”的目标。[①]

神话和仪式是指高度制度化的产品、服务、技术、政策、项目等在现实生活中发挥着一种“神话”的作用而被实践者仪式性地采纳和融合。是否采纳这些神话已经成为行动者能否在现代世界中获得合法性的一种标志和身份。

现代世界在以欧洲为主的西方文化的基础上建构出了三类主要的行动者：国家、组织和个人。[②]它们成为被社会认可的合法代理，除了代理自身的利益，同时还为其他社会行动者（如女性、儿童、残疾人等弱势群体）和非社会行动实体（如动物、植物、环境等）的利益而斗争。当这些代理者纯粹为自身以外的利益而工作时，它们就成为约翰·迈耶教授所谓的“他人”，扮演着“他人角色”，如纯粹探索世界真相的科学家、非营利性的组织等，成为这个世界的编剧，撰写脚本指导和限制行动者的具体行为。

世界社会理论认为文化和实践的扩散是基于一定条件的，即社会实体间的文化联系和文化类别的理论化。“联系”既有关系上的意义，也

① John W. Meyer, John Boli, George M. Thomas. Ontology and Rationalization in the Western Cultural Account. in Institutional Structure: Constructing State, Society, and the Individual[M]. eds. George M. Thomas, John W. Meyer, Francisco O. Ramirez John Boli. London: Sage, 1987: 2-37.

② John W. Meyer, Ronald L. Jepperson. The “Actors” of Modern Society: The Cultural Construction of Social Agency[J]. Sociological Theory, 2000, 18(1): 100-120.

有文化上的意义，后者是指从文化意义上认同社会实体属于同一个社会类别，[①] 如民族国家、世界一流大学等。“理论化”是指自我意识的发展，抽象类别的规范化以及诸如因果链关系模式的形成，[②] 如环境问题、教育结构、福利制度的理论化。理论化作为一种模式扩散的制度机制，包括对模式采纳者和实践的理论化，例如心理学家定义了“难语症群体”，推动了新阅读技术的扩散；科学研究展示了课程和教学法改革的实践效果，使得这些实践得以转化和传播。

全球化可以从政治、经济、军事、文化、个体的相互依赖等不同维度来进行定义，世界社会理论强调的是文化意义上的全球化，即工具性文化在全球的兴起、表现和影响。工具文化的全球化源于国家的弱化和其他社会行动者的合法化和扩张。因此，全球化的文化模式在一定程度上是由科学界和专业人员、快速扩张的国际性机构、全球性的社会运动、行动者自己共同建构出来的。[③] 文化模式的全球化导致了社会单元之间的同形和高度结构化以及内部的松散耦合。

约翰·迈耶教授提出了世界社会理论的五个核心论点[④]：

◇世界模式的出现。现代世界社会发展了许多关于“个人、组织和国家”这些社会行动者的模式，这些模式通常是由专业人员和专业协会围绕集体利益，某些情况下由行动者根据集体利益而提出的。诸如人权的扩张、大众教育在全球的扩展、组织的理性化、世界的自然科学化和社会科学化等社会变革，都是由代表集体利益的“编剧”，也就是约翰·迈耶所谓的“他人”所建构出来的。

◇世界模式对行动者的影响。世界模式深刻地影响着世界社会中的行动者（国家、组织、个人）的结构。首先，现代世界的行动者深深地嵌入在外在的社会环境之中，并根据外界变化随时调整自己的行为；其次，世界社会中代表集体利益的“他人”不断地提出

---

① David Strang，John W. Meyer. Institutional Conditions for Diffusion[J]. Theory and Society，1993，22(4):487-511.

② David Strang， John W. Meyer. Institutional Conditions for Diffusion[J]. Theory and Society，1993，22(4):487-511.

③ John W. Myer. Globalization: Sources and Effects on National States and Societies [J]. International Society，2000，15(2):233-248.

④ Georg Krucken，Gili S. Drori ed. World Society: The Writings of John W. Meyer [M]. New York: Oxford University Press，2009: 48-56.

新的或修订旧有的模式，为行动者调整自己的行为、做正确的事情提供指导。围绕集体利益的世界模式强调：好的国家应该是全球社会的合作参与者；好的组织应该是理性化的、透明的、守法的；好的个人应该是受到良好教育的、具有参与全球事务能力的。

◇模式之间，模式与内部结构、实践活动之间都存在松散耦合。行动者在将外部模式融入自己的内部结构、政策转化为实践的过程中都会出现松散耦合的现象。因为世界模式是针对全球性合法化问题而提出的一个理想型，在具体实践中不一定有用；这些模式通常反映资源丰富国家的理想而不是贫困的边缘国家；很多行动者不具备采纳最佳实践的能力；历史性的路径依赖和地方利益可能会阻碍行动者采纳标准的世界模式；采用外部模式可能会引起辩证反应。

◇世界模式一旦被采纳，会深刻影响行动者的内部结构和实践活动。全球性的制度变革会同时对采纳和不采纳正确政策和制度的行动者产生一种波浪式的影响力，而不是通过网络和组织结构之间点对点的传输和转化。现代社会行动者是被高度扩展和建构的：它们的内部元素反应的是外部世界的原则和力量，而不是正确的功能要求。因此，大环境的变化可以通过波浪式的方式进入行动者内部或包围在行动周围，紧密的网络和组织关系只会对它们产生小部分的影响。

◇扩展了的现代行动者概念，也创造了扩展了的专业和咨询概念。社会生活的每个部分都有各种各样的专业人员为行动者提供建议和治疗方案。越来越多的个人开始向咨询专家寻求医疗、心理、教育、法律、经济、精神、娱乐等方面的建议；组织开始向不断扩展的咨询市场寻求管理、财会、人力资源、研发等方面的咨询建议；国家也向各类国际组织和专业协会寻求合适的建议，凸显决策的科学性。但是，由于专业和咨询人员、其他社会参与者可能背负着不同的集体利益观；个人、组织和国家这些行动者之间，不同层面的行动者之间，行动者的权力、权利与现实之间的差异，都会导致世界模式在一定程度上存在相互冲突的现象。

（二）世界社会理论的研究主题及应用

世界社会理论的兴起源于对“为什么二战以后民族国家一个接一个

地扩张自己的大众教育”这个问题的追问和解释，现在已经广泛用于解释社会生活中出现的全球性现象，比如科学的权威以及对环境运动的影响、公民概念的扩大，特别是全球人权机制的出现以及对社会生活各方面产生的巨大影响。世界社会理论已经在“甄别全球性和区域性的发展趋势，解释跨国性模式的出现、扩散过程及其变异”方面显示了它独特的理论优势。

甄别世界性的趋势以及这种趋势产生的时期已经成为世界社会理论的一个核心研究主题。世界社会理论强调在研究设计中要重视“历史时期”的重要性，比如民族国家在早期社会中具有重要的影响力，而现时期世界社会的影响力明显大于民族国家。正如新制度主义所认为的早期组织之间的“差异”更要紧，而现在组织通过不同途径从组织的文化蓝本中创造出的“同形”更值得关注。① 甄别趋势只是一个起点，分辨时期的方式是看一项政策和一种结构是被当作“竞争的领地”还是“制度化或理所当然的领域”。② 但是，从竞争向制度化的转变并不是自动的，也不意味着一个领域一旦制度化就不存在竞争。

通过收集数据进行全球比较研究是世界社会理论的第二大研究主题。当对国家进行比较时，不是对整体进行笼统的比较，而是从国家中设立不同的自变量，比如高等教育的入学率、人权委员会的建立、教科书中的环境教育内容、学生中心取向、女性的社会地位等，检验自变量差异很大的国家是否导致了同样的因变量，比如对大众教育的采纳、全纳教育的接受等。

分析模式和制度扩散的过程是世界社会理论的第三大研究主题。分析世界社会通过何种机制影响民族国家的发展非常重要，经典的传播理论认为民族国家之间会相互影响和模仿，世界社会理论认为只有当世界处于一种紧密融合的状态，一个国家的行为才会对其他国家产生更大的影响；一个国家与世界融合得更紧密（约翰·伯里等人的研究使用国家

---

① Pamela S. Tolbert，Lynne G. Zucker. Institutional sources of change in the formal structure of organizations: The diffusion of civil service reform，1880 —1935[J]. Administrative Science Quarterly，1983，28: 22-39.

② Francisco O. Ramirez. The world society perspective: concepts，assumptions，and strategies[J]. Comparative Education，2012，48(4):423-439.

在国际非政府组织中的会员数量来反映国家与世界文化的融合程度[①]，或者用国家参与国际会议的频率），也越容易受到世界社会的影响。世界社会理论强调在分析制度或模式扩散的过程中也要注意时期节点，比如苏联的解体对这些国家教科书内容的影响。

案例研究是世界社会理论的第四大研究主题。很多研究从该理论视角出发去揭示有着不同历史根源的国家为什么会采用相同的教育路径和模式，共同模式在遭遇本土实践时会产生哪些变异，政策在具体执行过程中是否存在松散耦合现象。

① John Boli，George M. Thomas. Constructing world culture: International nongovernmental organizations since 1875[M]. California: Stanford University Press，1999.

第三章 世界社会的形成及其对教育的影响

新制度主义的世界社会理论认为，二战以来的现代世界社会是在欧洲民族国家社会体系的基础上，由社会行动者（国家、组织和协会、个人）、社会运动和社会文化交互作用而共同塑造出来的，其本质是一个文化意义上的“想象的共同体”，是一个观念、标准和意义共享的文化社会。

在这个日益融合的全球化文化社会中，教育本身已经成为一个高度制度化的领域。国家、组织和协会、个人三类社会行动者以“社会代理者”的身份，在共同的文化规则导引下，为世界教育的发展提供各自的理念、方案和最佳实践。其中，符合人类社会集体利益的理念、方案和最佳实践因为被广泛认可和采纳而在全球层面得以制度化，成为世界教育蓝图的核心要素，又通过社会行动者和社会运动向全世界扩散和传输。

一、欧洲国家社会的形成与核心要素

（一）欧洲国家社会形成的历史条件

欧洲社会在经历了“宗教改革与反宗教改革”“国家及国家间体系的形成”“交换经济的出现与发展”三大文化、政治、经济变革的交替影响之后，形成了独特的欧洲国家社会模式。[①]

1. 宗教改革与反宗教改革

从16世纪开始，欧洲社会经历了一场起源于德国而后迅速蔓延至整个欧洲社会的宗教改革运动，对欧洲国家社会模式的形成产生了深远的影响。

首先，宗教改革运动打破了天主教在文化上一统天下的霸权，同时教派之间的互相争斗也削弱了彼此的力量，使得世俗力量得到发展的空间，他们不再需要寻求教会的庇护以获得合法身份，可以绕过宗教力量宣称自己的合法存在。宗教改革运动也增加了民族国家统治和管辖本国臣民的权威以及民族国家作为一个整体在整个欧洲国家间社会体系中的存在感，民族国家逐渐发展为保护本国臣民、捍卫主权的一种合法身份，成为一种高度制度化的事物向世界扩散和传播。

其次，宗教改革运动推动了本体论和个人主义的发展。宗教改革主张人可以通过阅读圣经直接面对上帝，而不再需要通过教堂作为中介来帮助人类获得救赎。改革者把大量精力集中在圣经的翻译和印刷之上，把深奥难懂的文字转化为通俗易懂的语言，并印刷成便于携带的小册子，圣经不再成为遥不可及的教堂高阁之物，而是普通人唾手可得的手边读本。虽然早在中世纪的欧洲就出现了个人主义的萌芽[②]，但宗教改革之后“个人”才真正获得更多的关注[③]。

最后，宗教改革的第三大影响就是对儿童的关注。对儿童社会化的看法发生了巨大的变化，从早期对儿童的漠不关心，到应该避免使儿童有限的、易被破坏的天真无邪的品质遭到尘世的污染和侵害，再到儿童天生所具备的向善的品质能够通过后天合适的教养得以扩展。[④]

因此，宗教改革运动使得个人主义得到张扬，儿童的重要性和社会化得以彰显，世俗国家的权威得到认可。

---

① Francisco O. Ramirez, John Boli. The political construction of mass schooling: European origins and worldwide institutionalization[J]. Sociology of education, 1987: 2-17.

② Morris, Colin. The Discovery of the Individual, 1050 —1200[M]. Toronto: University of Toronto Press, 1987.

③ Max Weber. The Protestant Ethic and the Spirit of Capitalism[M]. New York: Scribner, 1958.

④ Francisco O. Ramirez, John Boli. The political construction of mass schooling: European origins and worldwide institutionalization[J]. Sociology of education, 1987: 2-17.

2. 民族国家的出现与国家间体系的形成

自西罗马帝国解体之后，基督教一直统治着整个中世纪的欧洲社会。教会是主导欧洲社会的核心组织，在政治、经济和文化上具有独特的权威和强大的影响力，限制了世俗力量的发展，阻碍了民族国家的形成。因此，西欧一直处于由教会所生产和垄断的文化符号松散链接起来的市民社会状态和由封建王朝通过领土继承和家族联姻而结成的松散的政治联盟状态，直到十五六世纪新教与天主教联盟之间的宗教战争爆发之后，民族国家的概念才逐渐萌芽。民族国家结构的兴起不仅仅源于对教会权威的反抗，同时也是对教会行政组织结构和主权声索的一种模仿[①]，教会宣称上帝赋予其教化子民的权力，而君主则宣称神赋予其管理臣民的权力。到了19世纪，受宗教改革和启蒙运动的影响，国家逐渐宣称它们的统治权力来自个人权利的让渡。因此，民族国家在一定意义上是教会权威、宗教改革与反宗教改革运动所建构出来的一种新形式。

除此之外，民族国家的形成还深受欧洲社会的政治结构所影响，即缺乏统一政治中心的欧洲国家间体系。[②]宗教战争的爆发侵蚀了教会的权力，也削弱了哈布斯堡王朝所统治下的神圣罗马帝国的皇权，同时又未形成新的世俗权力中心来统领各个王权国家，使得十七八世纪的欧洲社会处于诸多王权国家松散联合的一种状态。虽然缺乏统一的政治中心，但欧洲社会也并没有处于一种完全无序和无所限制的混乱状态。取而代之的是兴起了一种新的政治结构：国家间系统，一系列的行动者和制度规则、协议和公约来确认各个国家原始的主权和新兴国家的组织结构，[③]同时限制和规约着各个国家的行为。17世纪欧洲“三十年战争”结束之后，《维斯特伐利亚和约》的签署标志着以主权国家为行为主体的、以国际条约的形式规范国家间相互关系的民族国家体系的形成，开启了通过召开由国家元首或政府首脑参加的国际会议，起草和签署国际

① Albert J. Bergesen. Studies of the Modern World - system[M]. New York: Academic Press. 1980: 37–109.

② Francisco O. Ramirez, John Boli. The political construction of mass schooling: European origins and worldwide institutionalization[J]. Sociology of education, 1987: 2–17.

③ John G. Ruggie. Continuity and transformation in the world polity: Toward a neorealist synthesis[J]. World Politics, 1983, 35(2):261–285.

条约来规定各国间的地域、利益范围和关系的新时期。新兴的政治结构也为每个国家提供了如何建设民族国家的一种方案，为领导人宣称国家利益和行动提供了一些共同的词汇和脚本。因此，到了19世纪，各个国家之间的组织和政治结构变得越来越相似，民族国家的结构也逐渐成为一种被制度化的事物在全世界扩散。

3. 交换经济的出现与发展

随着宗教和政治的变革，16世纪的欧洲社会也经历了经济上的巨大转变：生产技术的进步、手工业和农业的进一步分离、劳动分工的扩大和商品交换市场的发展，导致了早期资本主义经济的萌芽。新的交换经济极大地增加了国家的财力，商品交易税收成为国家财政收入的主要来源。①

经济上的变革也导致了一系列制度和观念上的变化：劳动力市场的进一步扩大使得更多的农民从传统的奴役和租赁关系中解放出来；合同法的出现；私有财产权的发展等等都极大地凸显了“个人”的概念和个人的权利。个人获得了开展生产活动的自主权利，同时也被赋予支持国家经济发展的责任，因此，个人的生产力和忠诚成为攸关国家主权的一个重要因素。

（二）欧洲国家社会模式的核心要素

政治、经济、文化三种力量的交互变革在欧洲建构了一幅国家社会模式的蓝图。在这幅蓝图中出现了许多被合法化和制度化的方面，下列5个方面最为核心，奠定了欧洲文化的根基，分别是：个人；国家是由个人组成的社会；进步；儿童的社会化是获得成人特征的关键；国家是民族的守护者和社会进步的保障，如图3。②

---

① Lubasz H. . The development of the modern state[M]. London: Macmillan, 1964.

② Francisco O. Ramirez, John Boli. The political construction of mass schooling: European origins and worldwide institutionalization[J]. Sociology of education, 1987: 2–17.

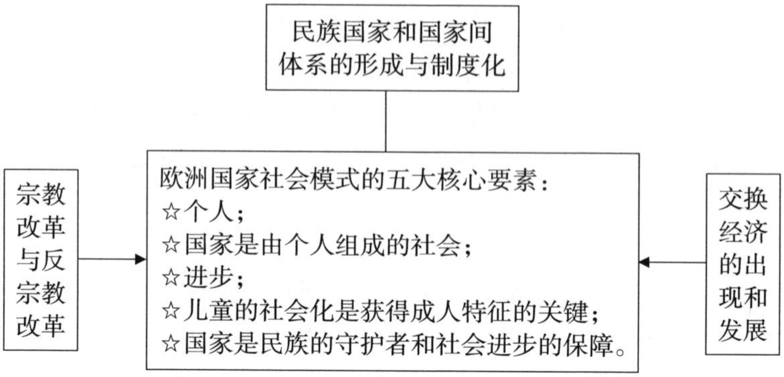

图3　欧洲国家社会模式的形成与核心要素

个人。到了19世纪，个人已经取代家庭、宗族、部落、宗教团体等群体，明确地成为社会中的一个关键行动者，也是社会价值的重要来源。宗教中强调个人通过阅读圣经直接面对上帝；经济中强调个人的生产和交换自由；政治上强调个人是国家统治权利的来源。

国家是由个人组成的社会。国家不再被当作占支配地位的王室或起主导作用的家庭，而是由一个个社会个体作为最基本的单元而组成的社会团体。

进步。基于国家是由个人组成的社会，那么，国家的进步就依赖于个人的发展，国家的复兴也必然要求个人的复兴。国家和个人的发展被当作一种可以实现的目标，“未来会变得更美好的自信成为进步神话的核心”[①]。

儿童的社会化是获得成人特征的关键。基于对未来的信心和个人的发展可以促进国家的进步，儿童自然成为被重点关注的对象，儿童的社会化也就成为国家的一项重要事务。正如一句诗所言的“儿童是人类的父亲”，儿童的生命具有可延展性，个性具有可塑性，导致了有关儿童社会化的科学和理论。

国家是民族的守护者和社会进步的保障。既然国家由个人组成，儿童的社会化就理所当然地成为国家的事务，国家自然而然也就成为社会进步的重要保障。只要将儿童培养成为善良的、忠实的、具有生产力的成人，国家也就会变成不断发展的、更好更强大的社会。

① Robert A. Nisbet. History of the Idea of Progress[M]. New Jersey: Transaction publishers, 1980.

二、世界社会的形成、本质与文化扩散

（一）世界社会的形成

欧洲社会在一定程度上是一个由各种协议和条约松散连接在一起的民族国家间的政治体系；一个由资本主义经济和市场主导的自由交换经济体系；一个主张宗教信仰自由、崇尚个人主义的文化体系。这个体系随着社会运动的爆发、社会行动者的推动和建构以及文化系统本身的进化而不断变化，逐渐形成了二战以来的现代世界社会。其中，社会运动通过暴力或渐进式变革的方式瓦解着旧的社会结构，如宗教改革运动对教会组织权威的削弱；社会行动者如国家、组织和个人通过扮演“他人角色”，不断建构新的社会秩序，如联合国宪章、世界人权宣言等条约的形成和生效；文化系统本身也在继承欧洲文化核心的基础上不断吸纳新的要素进化自身，如科学权威、人权概念、环保理念的兴起等。

1. 社会行动者

新制度主义认为国家、组织和个人这些社会行动者不是理所当然的存在，是由社会文化系统所建构出来的，如图4。

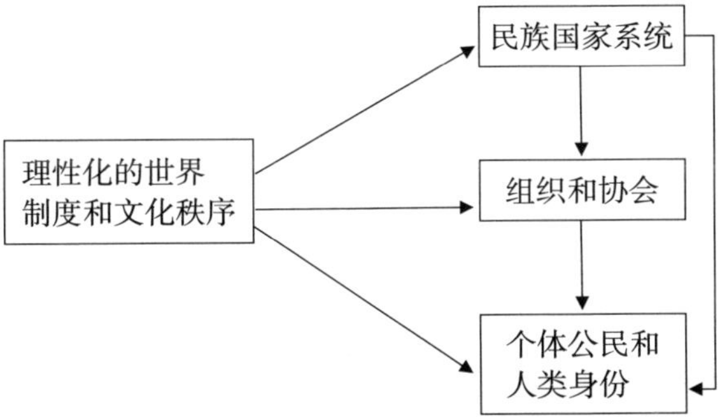

图4 世界文化蓝图的构建[1]

国家是在欧洲文化的基础上建构出来的一种新型政治组织，也是现代世界社会中举足轻重的一个角色。民族国家是欧洲复杂历史发展中的一个产物，在世界社会文化要素的影响下，民族国家逐渐被定义为具有

① John W. Meyer，John Boli，George M. Thomas，et al. World society and the nation-state[J]. American Journal of sociology，1997，103(1).

主权的、负责任的社会实体，成为一种高度制度化的政治结构在全球范围内扩散。外部的认可和主权的建构是欧洲国家间系统几个世纪以来的重要维度，[1] 所以新兴国家都把主权和得到世界主要国家和权力中心的认可作为国家合法性的重要来源。在20世纪世界反殖民运动和独立运动中，所有独立社会都学会了围绕民族国家的身份来组织国家结构、宣称集体利益；联合国系统的形成和稳固为国家身份认可提供了又一种合法性来源，削弱了大国的作用。[2] 据统计，自1945年以来全世界新成立了130多个国家，它们主动将世界模式所定义的国家身份和结构内化到民族国家的建构之中。

正式的组织和协会出现于19世纪的美国社会，随着世界文化的变化和全球化的推动，现在已经逐渐取代传统的家庭、部落、教会成为现代社会的一种重要制度结构。特别是二战以来，各类国际组织在数量上取得了突飞猛进的增长，已经成为国际社会一个不可或缺的角色。随着第二次工业革命带来的通信技术以及其他专门技术的发展，一些功能作用专一、业务范围狭隘、强调技术规范的国际行政性联盟，如“国际电报联盟”“万国邮政联盟”开始在19世纪的欧洲悄然出现。二战以后，大量政府间国际组织如雨后春笋般建立起来，如联合国及其附属的众多专业性组织、世界银行、经济合作与发展组织、世界贸易组织，与此同时，涵盖各行各业的国际非政府组织也相继诞生，如世界自然基金会、环保基金组织及众多的条约性组织等。

---

① Stephen D. Krasner. International regimes［M］. New York: Cornell University Press，1983.

② John W. Meyer，John Boli，George M. Thomas，et al. World society and the nation-state［J］. American Journal of sociology，1997，103(1):144-181.

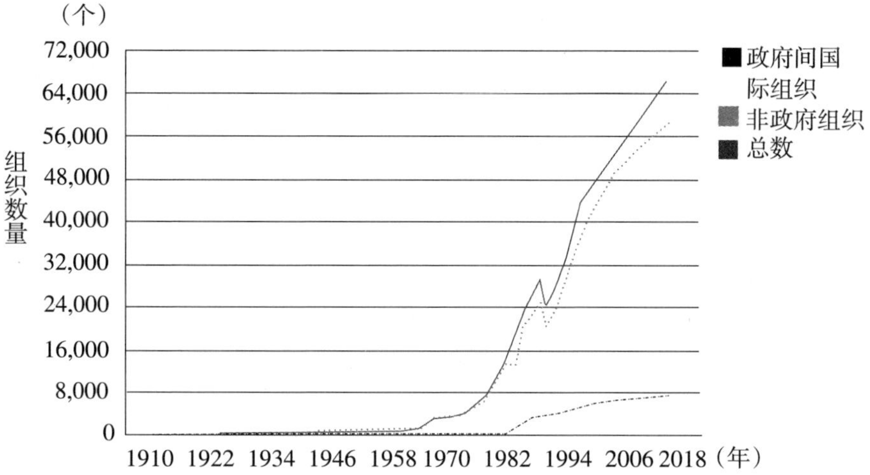

图5　近百年来国际组织的数量变化[①]

个人也是在西方文化，特别是美国文化的基础上建构起来的一个重要角色，并已经成为现代国家和世界文化系统的核心要素。个人角色的凸显是一个长期的复杂的历史过程。首先，法西斯主义的失败削弱了很多共同的集体身份，特别是国家；其次，世界反殖民主义运动使得很多根源于种族、宗教和历史部落的集团失去了合法性，民族国家系统的扩张彰显了个人的选择和需要；最后，“冷战”的冲突促进了人权概念的发展，不仅是基于国家的公民权利，还有基于人性本身的世界人权。二战以来的经济和文化交流，特别是全球资本主义市场经济的发展凸显了个人作为最终消费者的角色，文化的全球化和大众教育的全球扩张使得个人成为知识的掌握者。个人角色的凸显过程使得理性化的角色结构得以形成，能够自动地将个人分配到社会体系中；普遍的人性获得权威，个人追求自身偏好的能力得以增强；特殊的个人身份获得合法性。[②]

在新制度主义学者看来，国家、组织和协会、个人并不是现实主义所宣称的纯粹的利益行动者。一方面，它们作为行动者有自身的利益；另一方面，它们还可以作为“社会代理”扮演“他人角色”追求普世的集体利益，修订旧有的文化蓝本，建构新的文化蓝图，指导和约束现代

① Union of International Associations（UIA）. Yearbook of International Organizations [R]. 2013.

② David J. Frank，John W. Meyer. The Profusion of Individual Roles and Identities in the Post-War period[J]. Sociological Theory，2002，20(1):86–105.

社会所有行动者的行为，同时也不断修订它们自身的身份。因此，现代世界社会遍布着行动代理权有限而代表伟大的集体利益和普遍原则的各种协会和组织；存在众多超国家的专业人员，如自然科学和社会科学、法律和医学方面的精英，他们向世界传达着超越国家利益的真相和事实；还有一系列围绕半组织、半专业、思想社团这些轴心而发生的社会活动，如环保运动、减贫计划等；最后还有卸下利益导向行动者角色的国家，作为集体真相和美德的代理者，领导国家朝着普遍真理方向前行。①

国家作为行动者除了拥有自身的利益之外，在现代世界中越来越成为集体利益的代理者，如美国宣称的进取心和自由，法国的平等与博爱精神，瑞典提出的社会责任感，苏联追求的共产主义，中国近年来提出的和谐社会与和谐世界，这些都已经成为现代世界社会重要的文化规则。

国际组织将它们的主要精力和资源用于追求各种可能的集体利益，关注人类社会面临的共同问题，如生态、人权等。它们通过行使社会代理者的职能，建构和传输着普世的文化规则。政府间国际组织成为国际准则和标准的主要制定者和推动者，具有合法的权威和丰富的资源去实现它们的组织目标。国际非政府组织代表世界社会的组织维度，其业务涉及从“发展”到“人权”再到“技术标准”的广大领域，它们通过扮演专业咨询者的角色参与政府间国际组织和国家的政策制定，传播全球模式，为地方解读全球信号。此外，国际非政府组织还成为普世主义、个人主义、理性的唯意志权威、追求理性进步的人类目标等世界文化准则的代表②。

个人作为代理者，以专家和咨询者的身份代理着普遍的集体利益，建构通用的文化蓝图指导和约束行动者的行动。各行各业的专家学者会通过科学研究为行动者的行为提供各类专业知识，引导他们如何履行自己的职业和身份角色。教育者提供如何教育孩子的知识；医生给出如何

---

① Georg Krucken，Gili S. Drori. World Society: The Writings of John W. Meyer [M]. New York: Oxford University Press，2009: 37.

② John Boli，George M. Thomas. World culture in the world polity: A century of international non-governmental organization [J]. American sociological review，1997，62 (2)：171–190.

保养身体、补充营养、加强锻炼的方法；社会学家呼吁政府把社会平等和进步作为执政目标；经济学家提供如何理财、发展经济的知识和建议；政治学家引导政府如何做好治理与善治等。

2. 社会运动

从18世纪到21世纪，世界经历了很多重大的社会运动，它们在摧毁旧的社会模式和制度结构的同时，也在不断为世界文化蓝图添加新的要素。

随着文艺复兴、宗教改革、启蒙运动的发展，集团主义及其形式得到削弱；个人主义和人性的光辉在欧洲文化中得到彰显。分别于1914年和1939年爆发的两次世界大战使人类深陷种族灭绝和全球经济低迷的灾难，也使人类认识到极端的国家主义所带来的弊病，极端的民族主义得到削弱；大量政府间国际组织和国际非政府组织的建立改变了世界的政治格局，和平与平等的精神得到弘扬，世界人权的概念初步凸显。战后大规模的反殖民主义运动和第三世界国家的独立解放运动，瓦解了旧的宗教社会、种族社会、部落社会、君主社会等封建社会的结构；民族国家成为唯一合法的政治组织结构在全世界快速扩散，国家是个人和社会进步的保障的理念得到认可。

战后美国的民权运动和世界范围的妇女解放运动，极大地摧毁了种族隔离和男女有别的合法性；使得自由、平等和尊严的精神在世界得到弘扬。“冷战”的结束和苏联的解体摧毁了两级霸权的世界政治格局；一极多强的格局逐渐兴起。全球化，特别是工具文化的全球化使得民族国家的身份和目的、社会发展、教育等都处于共同的世界模式之中。

3. 文化系统

除了社会运动的推动和社会行动者的建构，文化系统本身也在不断地变化和发展。在个人权益方面，从基于特定民族国家的“公民权利”向基于自然法则和人性本身的扩张和延伸：少数民族、妇女、儿童、残疾人、性少数群体、贫困人群、土著居民等都有权利宣称自己和普通人一样享有平等的待遇和权利。公交和地铁上都有专门为残疾人、儿童和孕妇等群体设置的专座；马路上有专门为盲人设置的无障碍通道；停车场有专门供残疾人停车的车位；公共建筑物内有专门为残疾人设置的卫生间和带孩子的母亲设置的婴儿尿布更换台；全纳教育的理念要求普通学校接纳所有残疾和特殊儿童，并为他们配备专门的学习设备和辅助教员；儿童权利在教育和生活的各个方面得到认可，教育中对儿童的体罚也失去了它的合法性。

在环境方面，环保理念的兴起以及在全世界的传播已经渗透到社会生活的方方面面。比如以环保为主题的世界环境大会已经成为各国政治首脑不得不参加的国际会议；垃圾分类和节水、节电已成为普通民众生活中的日常概念和无意识行为；学校教科书中也增加了不少关于环保的题材；空气和生活用水质量已经成为民众生活的公共话题并被政府提上议事日程。

在生活方面，全球化和互联网的交织影响改变了商品生产和交换的模式，也改变了人们的日常生活习惯。全球分散生产和集中组装已经成为一种主导的生产模式。网上购物已经成为一种非常流行的购物方式，随网购而兴起的快递行业也蒸蒸日上。互联网和电话会议、Facebook、QQ、微信、电子邮件等新媒体也改变着人们日常交往的方式。家庭和家族等传统单位的影响力正在不断削弱，个人选择和自主权得到加强，离婚不再是整个家族的大事，而是个人的一种自由选择。

总之，现代世界处在不断地变革之中，不再是单一的由全球资本市场主导的经济体，也不是由民族国家和国际组织主导的政治体系，而是受共同的全球文化脚本所引导的一个世界社会。

（二）现代世界社会的本质和核心价值

安德森·本尼迪克特（Anderson Benedict）[①]对国家做了如下定义：国家是一个想象的共同体，在想象中具有固定的边界和主权。之所以是想象的，因为即使最小的国家的成员也不可能认识、见到或者听说过他的所有同胞，他们都生活在彼此的想象中；国家之所以被想象为是有边界的，因为即使最大的国家也会有弹性的边界限制来区分自己与其他国家，没有一个国家把自己的边界想象成等同整个人类社会的边界；国家之所以被想象为是有主权的，是因为启蒙运动和大革命推翻了教会和封建等级王朝的合法性，开始追求人类的自由，而主权就是自由的担保和象征；最后，之所以是想象的共同体，因为即使现实中存在不平等和相互利用，但国家还是被设想为一个深深相连的、平级的友谊联盟。

借用安德森·本尼迪克特的概念，新制度主义学者认为二战以来的

① Benedict Anderson. Imagined Communities: Reflections on the Origin and Spread of Nationalism[M]. New York: Verso，1991: 5-7.

现代世界是在西方文化理性化的基础上发展起来的一个文化意义上的“想象的共同体”。在这个想象的共同体中，既有传统的种族、家族、宗教团体，也有新兴的民族国家、各类组织和协会、个人，还有动植物、生态系统等非主要社会实体。各类社会实体都在已有的世界文化脚本中活动，同时又不断地以代理者的身份，以集体利益和普世价值为导向提供指导人类行为方方面面的各种“方案”，某些方案因为得到大众的认可和采纳而成为一种全球性的制度被纳入世界文化蓝图之中，形成某些世界性的模式指导着各类行动者的行为。

在这个缺乏统一政治和经济权力中心的世界中，以集体利益为导向的组织和协会、专家、行动者是如何建构出共同的世界文化蓝图的呢？首先，他们采取的是一种广泛意义上的文化形式；其次，这些文化规则和概念能够促进人们形成一个共享的、集体的和统一的世界的梦想，而不是冲突；最后，世界文化的行动准则落实在了世界社会的合法参与者（国家、组织和个人）身上。

约翰·迈耶教授认为二战以来的新的世界社会秩序是建立在理性化、本体论、教育化、组织化四大基础之上。[①]

理性化。统治新世界社会的规则是建立在自然法则和理性的基础之上的，这也是为什么二战以来的现代世界经历了自然科学和社会科学巨大的发展，并参与到宇宙新秩序的不断建构和发展之中。因此，人类得以在一个由统一的自然法则和社会理性主导世界中行动。

本体论。新世界社会最基本的组成单元是人类个体。过去，家庭、教会、国家被看作是社会的组成单元；现在个体虽然还是在组织和国家中活动，但个体是最基本的社会实体，他们因自然法则和人性本质而享有基本的人权，具有选择和制定活动规则的权利。

教育化。现代世界是一个被教育化的世界，即教育成为一种社会制度覆盖了社会中的每一个个体。二战以来，现代世界经历了大众教育、甚至高等教育的普遍扩张，无论是教育的人口覆盖率、内容还是教学法都得到了快速发展。理性化的自然和社会法则通过教育进入到每个个体的头脑之中，使他们掌握了如何在现代社会中进行活动的准则。

组织化。当今世界是一个组织化的社会，社会生活的方方面面都被

① Georg Krucken，Gili S. Drori. World Society: The Writings of John W. Meyer [M]. New York:Oxford University Press，2009:45-46.

纳入到组织的范畴，传统的家庭、家族企业、庄园、科层结构都逐渐被正式的组织结构所取代。

二战以来，世界一直处于政治、经济和文化的不断融合之中，人们对自然、人类、社会、集体现实等也有着共同的理解，但这也并不意味着所有的文化要素都被人类共享，只是这些要素的某些方面得到了共享和认可。因此，现代社会是一个“快速融合，同时充满冲突又具有高度一致集体利益”的世界社会。在一定程度上，现代世界社会是一个神话和仪式意义上的文化生态系统，有一些核心的价值和文化要素，同时又处在不断地动态变化之中。

（三）世界社会文化蓝图的扩散

世界上的一切事物几乎都可以扩散，包括空气、水等自然现象，也包括流言蜚语、实践活动、组织结构、文化要素等社会现象。那么，整个现代世界社会作为一个文化生态系统，其内部的文化要素、实践模式又是如何在全世界范围内扩散的呢？

很多社会学理论都认为扩散是一种关系现象，是一种点对点或线对线的扩散机制，行动者基于相似的社会结构或条件模仿或接纳一种有效的社会实践。但是，这些理论不能解释二战以来现代世界的很多方面在组织结构和观念上惊人的同形现象，比如自由贸易、私有化、凯恩斯经济计划、社会达尔文主义、人力资本、新自由主义、大众教育、一流大学、社会福利制度等在全世界的扩散和采纳。世界社会理论认为文化规则和实践模式的扩散是基于一定的制度条件的，即现代社会实体身份的文化编码化；采纳者和实践模式的理论化；普遍化和融合的“现代”模式的兴起。①

理性化的世界制度和文化规则建构出了三种主要的社会实体身份：国家、组织和协会、个人；自然科学和社会科学的兴起和权威定义了采纳者的身份，并将众多社会实践转化为可以传播的理论；普遍化的现代世界的兴起使理论化的实践得以通过一种波浪式的方式扩散到国家、组织和协会、个人这些社会实体的内部组织结构之中。

在现代世界这个文化生态系统中，理论化的社会实践会作为世界文化生态系统中的制度化规则在不同社会实体之间扩散。在这个过程中，

① David Strang，John W. Meyer. Institutional Conditions for Diffusion[J]. Theory and Society，1993，22(4):487-511.

国家、组织和协会、个人作为代理行动者，扮演着制度传输者的角色。但是，世界性的模式被本土采纳之后会出现松散耦合的现象，即政策层面上的同形与实践层面的分离。

三、世界教育蓝图的形成与扩散

（一）教育本身的制度化与全球扩张

在漫长的古代社会，教育一直是一种私人事务，是教会和贵族阶层的一种特权，家庭教育和教会主办的慈善学校是主要的教育形式。随着十七八世纪欧洲国家社会模式的出现，个人逐渐从家庭、宗教、部落等集体性团体中解放出来，成为一个独立的社会行动者；由个人组成的国家成为社会的守护者；儿童的发展和社会化成为国家进步的重要保障。教育开始成为一种国家事务，国家资助和掌控的大众教育逐渐取代传统的家庭教育和教会学校，教育作为民族国家建设的一个重要标志被新兴民族国家竞相采纳。二战以来的现代世界最显著的特点就是民族国家的权威和权力的彰显以及作为个人的公民的政治和社会权利的合法性。[①]个人和国家成为世界文化中高度制度化的两个社会实体或社会行动者，教育作为培养公民的一种手段将国家和个人连接起来。到了20世纪下半叶，几乎所有的民族国家都建立起了由国家支配的教育系统，教育从“竞争领地”变成一种理所当然，标志着教育的制度化。

斯坦福大学的约翰·迈耶和弗朗西斯科·拉米雷兹等人通过对跨国教育数据的历时研究显示，无论是大众教育还是高等教育都在20世纪经历了快速和大规模的扩张：不分国家领土的大小、经济和社会发展程度、人口多少、现代化程度、民主与否，每个国家都建立起了自己国家的大众教育和高等教育系统，拥有专门管理教育的行政机构——教育部。从1950年到1970年的20年间，小学、中学和高等教育的入学率都经历了突飞猛进的增长：所有国家的小学入学率从1950年的58%增加到1960年的71%，再到1970年的83%；所有国家的初中入学率从1950年的12.7%增加到了1970年的30.5%；所有国家的高中入学率从1960年的

① Ved P. Nanda. Global human rights: Public policies, comparative measures, and NGO strategies[M]. Colorado: Westview Press, 981: 93-173.

1.4%增加到了5.3%。[①] 此外，虽然贫困国家和富裕国家的增长率不同，但总的趋势都是在快速增长。到现在，全世界几乎所有国家都有义务教育法，所有国家的高等教育都正在从精英教育阶段迈向大众教育阶段，某些发达国家的高等教育已经进入了普及化阶段。

（二）社会行动者对世界教育蓝图的建构

国家、组织和协会、个人是由世界文化所建构出的三类最重要的社会行动者，但它们不完全是现实主义者眼中纯粹的利益行动者，同时也是具有普世价值追求的社会代理者。因此，现代世界社会遍布着行动代理权有限而代表伟大的集体利益和普世原则的各种协会和组织；众多超国家的专业人员以及卸下利益导向代表集体真相和美德的国家。在这个日益融合的全球化社会中，它们通过扮演“社会他人”的角色，为世界教育的发展提供各自的理念、方案和最佳实践。其中，符合人类社会集体利益的理念、方案和最佳实践因为被广泛认可和采纳而在全球层面得以制度化，成为世界教育蓝图的核心要素。

欧洲国家社会模式所建构出的民族国家仍旧是现代世界社会的一个重要行动者。不同的国家会基于自身的历史条件和文化传统发展出不同的现代教育模式：比如强调义务教育和技术人才培养的德国教育模式；高度中央集权和注重精英人才培养的法国教育模式；大众、精英双轨分离的英国教育模式；公平、竞争、开放、分权、关注个人自由的美国教育模式；国家统一规划教育资源、课程和教学内容的日本模式；注重集体主义和知识教学的中国模式。某些教育模式通过殖民主义、全球化而得到广泛传播、扩散和继承，逐渐成为当今世界教育蓝图的核心要素，比如德国的义务教育法、美国的自由主义和个人主义教育理念等。从欧洲传统发展起来的国家支配和资助的公共教育体系业已成为一种主导性的教育模式得到全世界的认可和采纳，而主管全国教育事务的国家教育部的设立也已经成为一种世界性的教育组织结构。现在，在国际学生评估项目（PISA）中备受关注的芬兰模式、新加坡模式甚至上海模式又得到全世界的关注与青睐；在各大世界大学排行榜中遥遥领先的美国大学模式成为全世界追逐和效仿的对象。

组织和协会，特别是政府间国际组织和国际非政府组织越来越成为

---

① Francisco O. Ramirez，Richard Rubinson，John Boli-Bennett. The world educational revolution，1950—1970[J]. Sociology of education，1977，50(4):242-258.

二战以来的现代世界政治结构的一个重要组成部分。国际组织的数量经历了突飞猛进的增长，据国际协会联盟的最新统计，从1909年到2018年的一百多年间，国际组织的总数从203个增加到75,750个。其中，教育类的国际非政府组织也经历了数量上的飞速增长，详见下图。国际组织作为现代社会的一个重要代理者，通过科学研究和专家咨询为世界教育蓝图的形成提供了很多有益要素。

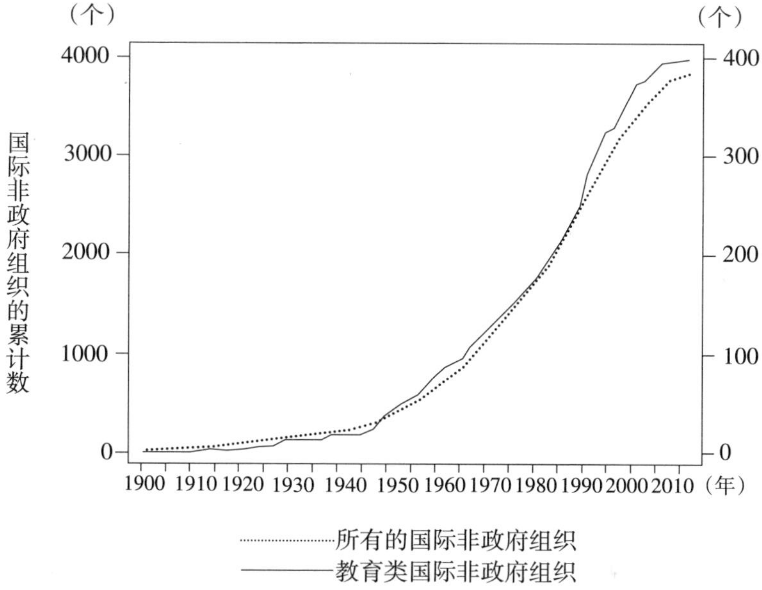

图6　近百年来国际非政府组织的数量增长趋势[①]

在政府间国际组织中，除了像联合国教科文组织这类一开始就把教育作为一项重要业务领域的组织之外，很多一开始并不关注教育的政府间国际组织，如经济合作与发展组织、世界银行、联合国儿童基金会、联合发开发计划署、国际劳工组织等也逐渐将教育作为实现自身组织目标的一个重要途径，并成为该领域的佼佼者。作为全球教育领域的元老，联合国教科文组织通过扮演“思想实验室、信息交流中心、标准制定者、能力建设者和国际合作促进者”的角色，为世界教育模式贡献了很多有益的理念，如终身教育与学习化社会、全民教育与全纳教育、环境与可持续发展教育、语言文化多样性教育、和平文化与国际理解教育

① Union of International Associations（UIA）. Yearbook of International Organizations［R］. 2013.

等等。世界银行所推行的人力资本理论已经成为各国教育发展的指导理念。经合组织的国际学生评估项目和教育概览指标已经得到大部分国家的广泛认可和采纳，并成为各国教育系统相互比较和学习的重要依据。世界贸易组织与联合国教科文组织、经合组织联合发布的《跨境高等教育质量保障措施指南》（2004）已经成为各国开展合作办学的重要指南。从1950年到2004年间，联合国教科文组织、世界银行和欧盟所颁布的与教育有关的政策文件也在不断地增加，如下图。

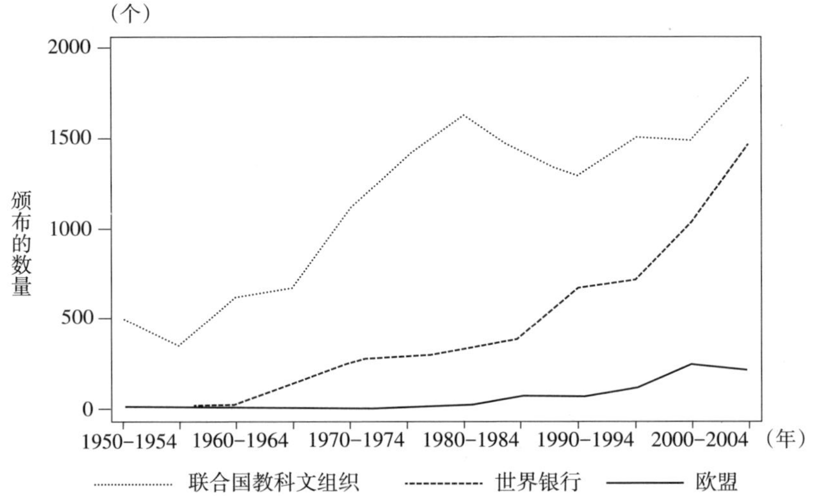

图7　三大国际组织颁布的教育文件数量①

在国际非政府组织中，卡内基、福特、洛克菲勒等基金会、牛津饥馑救济委员会、国际地球之友、世界自然基金会等非专业的国际教育组织也逐渐把教育作为实现自身组织使命的一种重要途径，从资金支持、权益保障、倡议等各个维度介入全球教育事务之中。除此之外，还有大量专业性的国际教育组织，其成员主要来自教育内部，包括教育行政官员及其组织、教育研究人员及其组织、教育管理人员及其组织、各级各类学校与各个学科的教师和其他教育工作者以及他们的组织，还有受教育者，包括大学生和中小学生以及他们的组织。这些国际教育组织的宗旨在于促进教育的发展，包括增进教育工作者的联系，探索和研究教育问题，积累和增进教育学以及相关知识，促进某些国家和地区的教育发

① Julia Lerch. World Society and the Globalization of Educational Policy [J]. Presentation on Stanford's Comparative-Social Workshop.

展，或者促进某个领域的教育发展。[①] 其中，各国的国际与比较教育协会作为专门研究各国教育发展模式以及世界教育发展趋势的专业性组织，它们是世界教育蓝图的重要建构者。根据世界比较教育联合会的统计，从1960年到现在，它的成员也处于不断增加的趋势，如下图。

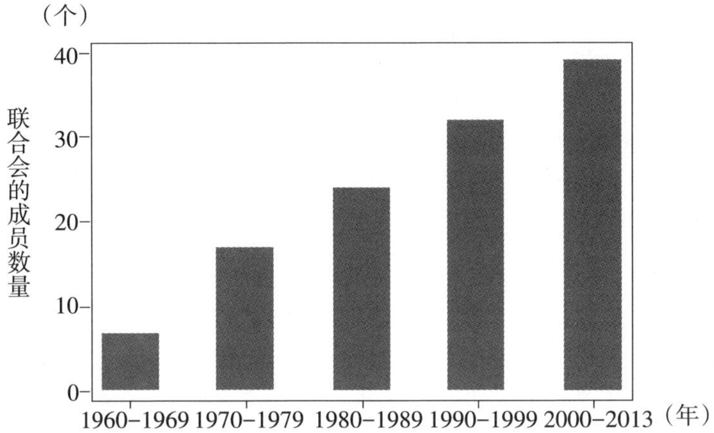

图8　世界比较教育联合会的成员数量变化[②]

个人是从欧洲文化中彰显和塑造出来的社会角色，经过美国社会模式的倡导和实践而逐渐加强，并成为一种世界性的概念。现代教育，特别是高等教育建构出了很多的专业领域，比如医学、法律、经济、政治、环境工程、社会学、心理学等，还有教育学本身，这些专业和学位也建构出了相关领域的专家和学者。而教育作为现代社会的一项重要制度，必然受到其他领域专业知识的影响。比如心理学关于儿童身心发展的知识丰富了教育的方法和手段；经济学领域的人力资本概念影响了政府对教育投入的比例；社会学提出的公平、正义、人权概念引导教育朝着更加公正的方向发展；环境科学的兴起拓展了教育内容，垃圾分类、环境保护的理念被纳入学校教材之中。除此之外，教育学自身所建构的各种专业，如教育学原理、课程与教学、学前教育、特殊教育、高等教育、比较教育、教育经济、教育管理、教育法学、教育哲学、教育技术、农村教育、职业技术教育、学科教育等可以为教育发展的方方面面提供专业的咨询和指导。

① 张民选．国际组织与教育发展[M]．上海：上海教育出版社，2010：60–61.

② World Council of Comparative Education Societies（WCCES）. 2013. Member Societies[J/OL]. http://www.wcces.com/alphbetical.html.

个人主要是通过科学研究产生的专业知识为国家、组织、个人如何开展教育提供专业指导，他们通过发表相关的学术论文、参加国际会议扮演专业咨询者的角色活跃在教育生活的各个领域。因此，各个国家的教育决策机构背后都有自己的智囊团，各大国际组织也都有自己的教育咨询专家，还有一些专业的教育咨询公司；世界上各个国家都有自己的教育类杂志和报纸；国际组织和各类教育协会都有自己领域的国际性教育会议。从下图中可以看出，国际性教育类杂志的数量也在不断增加，各类专家学者以咨询者的身份，利用自身的专业知识源源不断地为教育发展提供各方面的指导，不断地为世界教育蓝图的建构提供新的要素。

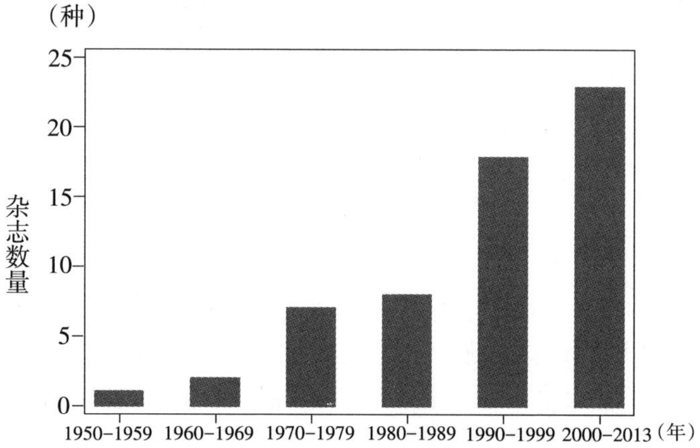

图9　国际性教育杂志的数量变化趋势①

（三）世界文化系统的演进对教育的影响

现代世界社会是一个文化意义上的“想象的共同体”，“社会他人”和社会运动共同建构出了一幅世界性的文化蓝图。在这幅文化蓝图中有一些核心的要素和价值，如民主、科学、和平、自由、进步、正义、公平、发展等，它们以文化规则的形式引导着国家、组织和个人这些社会实体的行动。教育作为当今社会一种不可或缺的制度，它的发展也离不开这些文化规则的制约。其中，人类权益理念的发展和科学权威的兴起对教育的发展方向有着重要的影响。

① Bray, Mark, Maria Manzon, Vandra L. Masemann. Common Interests, Uncommon Goals: Histories of the World Council of Comparative Education Societies and its Members[J]. Hong Kong, China: Comparative Education Research Centre, University of Hong Kong. 2008.

注重个人权益是20世纪人类社会的重大进步。过去的公民权利是基于特定的国家而享有权利，而人的权利的合法性则来自人性本身和自然本质，是每一个人作为人本身都应该具备的权利。随着1948年《世界人权宣言》的发表和随后一系列相关人权公约的颁布和生效，基于自然和人性本身的世界人权得到认可。任何人不分种族、肤色、性别、语言、宗教、年龄、政治或其他见解、国籍或社会出身、财产、性取向、身份等任何区别，平等地享有一切政治、经济、文化和宗教上的权利。教育所覆盖的群体也随着人权概念的不断扩展而扩展，最终成为所有人的一项基本权利。从人权概念衍生出的"全民教育""全纳教育"理念已经成为各国教育发展的一种制度性压力。由此过去很长一段时间被社会所忽视的少数民族、土著群体、残疾儿童、妇女、老人、性少数群体等弱势群体的特殊教育需要开始得到关注和重视。

现代世界文化蓝图的另一个核心要素就是科学的扩张和科学权威的制度化，二战以来的现代世界社会经历了科学活动的大发展和科学权威的凸显。科学的兴起与扩张与现代世界文化所塑造的理性行动者"国家、组织和个人"密切相关，"社会行为的扩张促进科学的发展；科学扩张促进社会行为的扩张"。[①] 国家、组织和个人的权利和行动范围在不断扩张，而它们的行动又需要科学的指导，它们的身份以及与周围世界的关系也需要科学来阐释和界定，它们从科学权威中获得存在与行动的合法性。科学在现代社会，特别是20世纪以来的现代社会中发挥着重要作用：科学提供关于事物本质的详细的、理性的和完整的概念，包括人类和组织自身；科学所建构起来的宇宙世界为人类行动者的存在提供了一个外在框架，同时也为人类行动者展示自身的代理能力提供了一个平台。[②] 科学在现代世界中扮演着建构和解释社会秩序的角色，科学的权威渗透到了社会生活的方方面面，政治、经济、文化、生态环境、家庭生活等，当然也包括教育，因此出现了运动科学、教育科学、营养健康科学、保健科学、环境科学、经济学、金融学等众多学科分支。

---

① Francisco O. Ramirez, Richard Rubinson, John Boli-Bennett. The world educational revolution, 1950—1970[J]. Sociology of education, 1977, 50(4):242-258.

② Gili S. Drori, John W. Meyer, Francisco O. Ramirez, et al. Science in the Modern World Polity: Institutionalization and Globalization[M]. California: Stanford University Press, 2003: 23-42.

科学就像是一套世俗版本的“神圣华盖”为不断扩展和全球化的社会行为提供文化基础。[①] 科学权威通过文化规则来指导社会行动者的行为，比如科学并不直接培养孩子，但它发展出一系列的科学知识和方法来指导社会行动者如何教育儿童，比如父母如何教导孩子、教师如何引导孩子探究和学习、学校如何组织教学班级和开展校园活动、国家如何建构和管理教育系统等。科学的发展也带来了教育方式、理念和内容的一系列变化。

在教育评价方式方面，随着测试和评价科学的不断发展，教育领域兴起了很多大规模的跨国比较评价系统，如经合组织在基础教育领域开展的“国际学生评估项目”、国际教育成就评价协会主持开展的“国际数学与科学动态研究”“国际阅读素养进展研究”和“国际公民教育研究”等；上海交通大学、英国泰晤士报高等教育增刊、美国新闻与世界报道三大机构在高等教育领域所发布世界大学排行榜。在教育理念方面，随着心理学和脑科学的发展，教育领域出现了“终身教育”“终身学习”“全纳教育”等新的理念。从学校毕业不应该是学习的终点而是新的起点，人的一生都需要不断地学习和接受教育；残疾儿童与普通儿童一起学习更能促进他们的发展和更好地融入社会，因此教育要全纳。在教育方法方面，传统的集体展示教学法也开始向小组教学、个人辅导、参与式学习等方向拓展；互联网的发展也改变了传统的教学模式，人机交互学习、远程互联网教学、微课和慕课等新方式被广泛应用到日常的教学活动中。在教育内容方面，除了传统的学科内容之外，一些全球性的普世的文化要素被融入到教材和教学内容之中，如教材中所体现的环保理念、垃圾分类的知识和方法、对野生动植物的保护等；对和平的倡导和战争的反对；对人权的尊重，教科书中对残疾人、少数民族、妇女等弱势群体的凸显；对科学和创新思维的重视；对人力资本理念的强调；对语言文化多样性的保护等。

除此之外，世界文化蓝图中的平等、正义、进步、和平、民主等价值观也已经成为指导现代世界教育发展的风向标。人权理念不仅强调人人都有接受教育的权利，而且还强调人人都平等地享受接受教育的权

① Gili S. Drori，John W. Meyer，Francisco O. Ramirez，et al. Science in the Modern World Polity: Institutionalization and Globalization[M]. California: Stanford University Press，2003: 23-42.

利。能否平等接受教育已经成为社会正义与否的试金石，“平等”因此成为教育发展的一个风向标。社会是由独立个人组成的集体，社会的进步依赖于个人的进步，而个人的发展又依赖于教育，因此，现代社会发展出了一系列测试个人学习成就、评估学习进步的工具。和平与发展是二战以来现代世界社会的两大主题，联合国教科文组织自成立以来就把通过教育促进世界和平作为自身的使命，“战争起源于人之思想，故务须于人之思想中筑起保卫和平之屏障”。自成立以来，教科文组织提出了和平文化教育、国际理解教育、语言文化多样性教育等诸多理念。

（四）世界教育蓝图的扩散机制

世界教育蓝图由社会行动者（国家、组织和协会、个人）、社会运动和社会文化系统三者共同建构而成，其在全世界的扩散也依赖于它们。社会文化和社会运动对世界教育蓝图的扩散是以一种波浪式的方式影响着国家、组织和个人的教育行为的；而社会行动者则是通过扮演代表集体利益和普世价值的咨询者来传播和扩散世界教育蓝图的核心要素。

人权运动不断将以前被忽视的各个群体的欲求和权利凸显出来，比如少数民族、土著居民、特殊宗教信仰者、儿童、妇女、残疾群体、性少数群体、老年群体、移民、受战争和恐怖主义威胁的群体等，教育作为一项基本的社会制度也不得不回应这些群体的特殊教育需要，于是全民教育、全纳教育、终身教育等理念迅速得到全世界的广泛认可和采纳。环境运动的发展使得环境保护和可持续发展的理念成为人类社会普世性的价值观，于是环保意识、垃圾分类方法、环境工程学成为全世界教育实践中不可或缺的内容。科学的发展和科学权威的兴起改变了教育的很多方面，教育决策科学化、教育方式科学化、教育评价方式科学化等理念逐渐得到全世界的广泛认可。互联网的兴起改变了人们的通信模式，同时也改变了教育蓝图传播的方式，传统的出版物不再是主导的传播媒介，电子邮件、互联网和电话会议、网站、专业数据库等成为新兴的传播媒介。

国际组织、国家和个人都是世界教育蓝图的主要携带者和传输者。国际组织，特别是国际非政府组织，以中立的身份宣称自己是人类普世价值的传播者。国际组织常常利用自身在全世界的广泛覆盖率，再借助科学和专业团队的强大影响力，向世界积极传输着普世性的教育理念、合理的教育体制和组织结构、科学的教育评价方式以及成功的最佳教育实践模式。国家也会通过多种方式宣传和推广自认为先进的教育理念和成功的教育实践模式。殖民主义就是发达国家推广自身教育实践模式的一种方式，教育援助、教育交流与合作都是国家传输世界教育蓝图的主要途径。个人主要凭借科学知识的权威和自身的经验来传输世界教育蓝图。专业文凭是个人权威的重要来源，成功经验是一种补充，个人凭借专业知识，通过国际组织、专业协会的平台，通过扮演咨询专家的角色向全世界的社会行动者传输着世界教育蓝图，引导他们如何建构教育体系和内容、开展教育实践。

第四章 世界教育蓝图的核心价值和内容

现代世界在交流和交往方面的日趋融合；国家模式的标准化（包括恰当的目标、公民的性质和权利）深刻影响着教育的价值取向；社会观念诸如人力资本理论对教育投资方向的影响；世界范围内教育专业和组织的融合促进了教育模式的专业化；世界性和区域性的组织，诸如世界银行、联合国教科文组织、经合组织对国家、公民、人权和教育概念的定义和推广。[①] 这一切交织影响着当今世界的教育发展，使教育模式变得日益标准化，其中一些教育理念、组织结构、评价体系和实践模式因为得到广泛认可而在全球层面得以制度化，成为世界教育蓝图的核心价值和要素。

一、全球性的教育体制和结构

（一）义务教育法和国家教育部

在漫长的古代社会，教育一直是一种私人事务，欧洲国家的教育形式以家庭教育、教会学校和私立学校为主。家庭教育主要是为贵族阶层而提供，集中在小学阶段；私立学校也是为贵族和王权阶层而设立，集中在中学阶段，主要是为学生升入大学做准备，如英国的伊顿、温彻斯

① Juergen Schriewer. Discourse formation in comparative education［M］. New York: Peter Lang，2000：111-132.

特公学；教会学校则是为贫困的普通大众而设，是一种慈善性质的学校，一般只到小学就结束。

到了18世纪，随着欧洲民族国家的建立，教育开始作为一种国家事务，成为民族国家建设的一个重要标志。有没有国家主导的教育系统成为衡量一个国家是否是民族国家，能否得到其他国家认可的一个重要指标。德意志各邦国从16世纪中期起就先后颁布了有关国家办学和普及义务教育的法令，特别是1763年普鲁士国王腓特烈·威廉二世颁布的《普通学校章程》，规定了义务教育的年龄、上课时间、收费标准等，[①]标志着国家主导的大众教育体系的建立。随后，英法等西欧国家和美国也相继颁布了义务教育法。1793年《法国雅各宾宪法》规定“人民享有受教育权、工作权和接受社会救济的权利”；1849年《德意志帝国宪法》将包括穷人在内的所有公民的受教育权规定为“德国公民的基本权利”；1871年法国巴黎公社确立了对所有人实施免费的初等义务教育；1936年《苏联宪法》的第121条规定了苏联公民接受教育的权利。通过反殖民运动而获得独立的亚非拉国家也都纷纷在建国后出台了自己的小学义务教育法，中国于1986年颁布了《中华人民共和国义务教育法》，孟加拉国于1992年通过义务教育法。据统计，从普鲁士1763年颁布义务教育法到孟加拉1992年出台义务教育法的两百多年间，全世界超过80%的国家都已经颁布了自己的义务教育法。这标志着义务教育法已经成为一种全球性的制度，在全世界范围内迅速扩散。

随着义务教育法的普及，全世界的小学入学率也经历了快速的增长：1870年全世界只有38个国家（大部分是西欧国家，还有美国）的小学平均入学率达到了33%；到1930年已经有115个国家的小学平均入学率达到了33%；而到第二次世界大战之后的1950年，这个比例上升到了60%；到1980年，这些国家的小学平均入学率已经达到了91%。[②]

除了义务教育法的颁布，国家主导的教育体系还体现在国家层面的教育管理机构——教育部的成立上。主管大众教育的国家教育部随着义务教育法的出台而诞生，先是出现在民族国家间体系已经形成的西欧社

---

① 吴式颖. 外国教育史教程[M]. 北京：人民教育出版社，1999：237.

② William K. Cummings，N. F. McGinn. International handbook of education and development: Preparing schools，students and nations for the twenty-first century[M]. Oxford: Pergamon，1997：47-62.

会，随后是美国。作为分权制国家的美国在很长一段时间都没有联邦教育部，直到1867年才设立了不具有实权，扮演全国教育信息中心角色的联邦教育部，1980年升格为内阁一级的教育部并逐渐通过拨款的途径控制和监督各州的教育。到现在全世界超过90%的国家都已经成立了自己的国家教育部，主管从幼儿到高等教育，从普通到职业教育的国家教育事业。国家教育管理体系又分为两种：中央集权制和地方分权制，但目前这两种体制已经在相互借鉴彼此的优点避开彼此的缺点中逐渐走向趋同。

（二）学制结构和教育类别

在学制上，欧洲国家的古代社会中只有私立的中学、教会小学和大学，随着国家对教育的主导和控制，学制也逐渐向两头延伸，发展出了从幼儿教育到高等教育的完整学制。为了更好地统计和比较各国教育发展的基本情况，联合国教科文组织还于1976年发布了一份《国际教育分类标准》的文件，并在2011年的最新版本中将整个教育体系分为8个等级：0为早期儿童教育；1为初等教育（小学）；2为初级中等教育（初级中学），3为高级中等教育（高级中学）；4为中等后非高等教育教育（高中后大学前教育）；5为短线高等教育；6为学士或同等水平；7为硕士或同等水平；8为博士或同等水平。①

在幼儿教育领域，已经基本形成了亲子和托养早期教育、小中大班学前教育的两阶段模式。在基础教育领域，联合国教科文组织还推广了美国的“六三三学制”，即小学6年，初中3年，高中3年，这一学制已经得到全世界的广泛采纳，成为基础教育的基本学制。在高等教育领域，形成了从副学士学位、学士学位、硕士学位到博士学位的四个等级。随着1999年欧洲29国教育部长共同签署《博洛尼亚宣言》，高等教育领域的“四三三学制”也逐渐在全欧范围内推广。

在教育类别上，各个国家已经基本形成了普通教育和职业技术教育、正规教育和非正规教育、公立教育和私立教育兼备的教育体系。

因此，由国家教育部主管的从学前教育到高等教育，从普通教育到职业教育的国家教育体系已经成为现代世界教育的一种标准体制。

---

① 联合国教科文组织统计研究所．国际教育标准分类法2011[M]．2013，来源：http://www.uis.unesco.org.

二、普世性的教育理念和精神

（一）全民教育与全纳教育

国家主导、资助和控制的大众教育最先源于18世纪晚期到19世纪的西欧社会，后来逐渐成为一种高度制度化的模式在全球扩展，[①]国家所建构的大众教育系统最终覆盖到了本国所有的儿童。20世纪中叶以来《世界人权宣言》的发表和一系列国际人权公约的签署，使得"发展的权利"和"教育的权利"这两项基本人权得到了全世界的普遍认可，[②]教育权利被纳入众多国际人权文件之中，得到法律的保护和强制性约束。

表2　有关教育权利的国际人权文件

▶《世界人权宣言》　1948年
▶《公民权利与政治权利国际公约》　1966年
▶《经济、社会与文化权利国际公约》　1966年
▶《维也纳宣言和行动纲领》　1993年
▶《儿童权利公约》　1959年
▶《残疾人权利公约》　2006年
▶《消除对妇女一切形式歧视公约》　1979年
▶《联合国教科文组织反对教育歧视公约》　1960年

人人享有受教育的权利。1948年的《世界人权宣言》指出，每个人不分国别、种族、肤色、性别、语言、宗教、政治背景、社会经济地位、出生或其他身份都是平等的，"人人都有受教育的权利"，包括接受属义务性质范畴的免费初等教育；普遍设立的职业和技术教育；基于学业表现对所有人开放的高等教育。

保障儿童受教育的权利。1959年通过的《儿童权利公约》提出了保

① Philip Altbach，Robert Arnove，Gail Kellye. Comparative Educaiton[C]. New York: Macmillan，1982:15-38.

② Colette Chabbott. Constructing Education for Development—International Organizations and Education for All[M]. New York and London: Routledge Falmer，2003:1.

障儿童权利的四项核心原则：儿童的最大利益原则；禁止歧视；儿童最大限度的生命权和发展权；参与权。此外，该公约还强调“所有儿童都有平等接受教育的权利”，这一原则也得到了1966年通过的《公民权利与政治权利国际公约》的肯定，强调每位儿童平等享有受教育的权利，反对任何歧视；《经济、社会与文化权利国际公约》强调为一切儿童和少年采取保护措施，使其免遭歧视、免遭经济和社会剥削，禁止雇佣童工。

保障残疾人受教育的权利。2006年通过的《残疾人权利公约》旨在促进与确保所有残疾人充分和平等地享有一切人权，使残疾人的固有尊严得到应有的尊重。公约强调“残疾人享有平等接受教育的权利”；“禁止将残疾人排斥在一切教育系统之外”；“为残疾人能够学习、生活以及融入当地社区提供特别的帮助和支持”。此外，《儿童权利公约》也提到“特别关注残疾儿童的教育”。

反对教育歧视，人人享有平等的受教育权。1979年通过的《消除对妇女一切形式歧视公约》要求采取措施保证妇女与男子享有平等地接受教育的权利，包括一切教育机构和一切形式的教育。1960年，由联合国教科文组织发布的《联合国教科文组织反对教育歧视公约》对“教育歧视”进行了全面的界定：禁止限制任何人或任何群体接受任何种类或任何级别的教育；禁止限制任何人或任何群体只能接受低标准的教育；禁止为某些人或某些群体专门设立单独的教育制度或学校（男女分校、因宗教和语言分设的学校、私立学校的设立不包括在内）；禁止对任何人或任何群体设置违反人类尊严的条件。该公约同时还规定了在消除教育歧视、促进教育平等方面各国应履行的义务。

尊重少数群体权利、保障自由选择的权利。《世界人权宣言》指出“父母有选择子女接受何种类型教育的权利”。《联合国教科文组织反对教育歧视公约》特别提到教育必须要尊重少数民族、不同宗教团体、家长、学生个性化发展的自由。《公民权利与政治权利国际公约》提出“尊重少数群体的宗教、文化和语言权利”。

1. 全民教育

为了响应和履行“教育作为一项基本人权”的口号和要求，20世纪末全世界范围内兴起了一股“全民教育”（Education for All）和“全纳教育”（Inclusive Education）的思潮。全民教育的思想最早是由联合国教科文组织、联合国开发计划署、联合国人口基金会、联合国儿童基金会和世界银行在1990年3月的泰国宗滴恩世界全民教育大会上共同提出的。这次大会通过了《世界全民教育宣言》（World Declaration on Education for All）和《满足基本学习需要的行动纲领》（Framework for Action to Meet Basic Learning Needs），并且制定了全民教育的发展目标、策略、措施和行动计划。2000年，在塞内加尔首都达喀尔召开的世界教育论坛通过了《达喀尔行动纲领》（Dakar Framework for Action），提出了计划于2015年实现的全民教育六大目标以及相应的行动计划。

表3　全民教育的六大目标

▶扩大和改进综合性的幼儿保育与教育，特别关注最脆弱和处境最为不利的儿童 ▶到2015年，确保所有儿童，特别是女童、处于恶劣环境中的儿童和少数族裔儿童都有机会接受优质的和免费的义务初等教育并完成学业 ▶确保所有青少年和成人的学习需求和生活技能需求都能得到满足 ▶到2015年，将成人识字率提高50%，确保所有成人有平等机会接受基础教育和继续教育 ▶到2015年，消除初等和中等教育中的性别差异，2015年实现性别平等，确保女童完全有平等的机会接受优质的基础教育并取得学历 ▶提高教育质量，使所有人都能取得可以识别的和可以衡量的学习成果

“全民教育”是为所有儿童、青少年和成人提供的满足他们基本学习需求的教育。基本学习需求是指一个人为了生存、提高生活质量和继续学习所必需的知识、技能、态度和价值观，必要学习工具（如读写、口头表达、算术和问题解决能力）的需求。满足所有人的基本学习需求，有助于他们的生存与全面发展，使他们有尊严地生活和工作，也有助于传承、保护和丰富人类的文化和精神遗产，推动教育的可持续发

展，促进社会公平，加强环境保护，增进不同政治立场、文化背景、宗教信仰的人们之间交流与沟通，从而维护世界的和平与稳定。

1990年的世界全民教育大会当时就吸引了全世界150多个国家的参与，还有联合国系统各机构、20个政府间组织和150多个非政府组织的约1500名代表、观察员及专家出席了会议。此后又专门召开了一系列与全民教育相关的会议，如“九个人口大国全民教育首脑会议”和“全民教育高层会议”，2000年达喀尔全民教育论坛等。此外，“全民教育”因为其与人口、环境和发展等的密切关系，还得到了其他国际会议、宣言和纲领的提倡与重申。如1990年9月在纽约召开的“世界儿童问题首脑会议”及签署的《儿童的生存、保护和发展的世界宣言》，1992年巴西里约热内卢的“联合国环境与发展大会”，1994年埃及开罗的“国际人口与发展大会”，1994年的世界特殊教育大会和《萨拉曼卡宣言》，1995年丹麦哥本哈根的“社会发展问题世界首脑会议”，1995年北京的“联合国第四次世界妇女大会”等一系列重大会议，这些会议虽然都有各自的主题，但又都从不同的侧面强调了全民教育的意义，尤其是全民教育对促进人口、环境、社会发展、妇女问题解决的积极作用，重申了国际社会对实现全民教育目标的承诺。

经过国际组织的倡导、社会各界的大力支持、发达国家的资金援助和发展中国家的积极响应，“全民教育”已经得到全世界的广泛认可和采纳，在全球层面成为一种高度制度化的教育宣言和行动。

2. 全纳教育

“全纳教育”的概念于1994年正式提出，联合国教科文组织在西班牙萨拉曼卡召开了“世界特殊教育大会：入学与质量”，大会通过了《萨拉曼卡宣言》及《行动纲领》，指出全纳教育是“与歧视相斗争、建立全纳社会和实现全民教育的最有效手段”。

“全纳教育”的思想起源于特殊教育，却又是在批判特殊教育局限性的基础上提出来的一种崭新的观念，它要打破任何形式上和内容上的隔离，使有特殊教育需要的学习者能够平等地进入普通学校，并且在学校中与普通学习者一起学习，接受同等质量的教育。教育者必须承认学习者的个体差异，特别是有特殊教育需要的学习者。在全纳学校里，要通过采用适当的课程、组织形式、教学策略、学习资料和社区合作方式满足学习者在形式、内容、进度上的多样化需求，并为他们提供一切必要的支持。全纳教育是对特殊教育局限性进行批判和改进的结果，它不仅尊重和维护每个人的生存与发展的权利，还要为转变人类观念、消除思想隔阂、促进社会进步做出贡献，要通过全纳教育体系的建设，去逐步建构一个全纳的社会。[①]

“全纳教育”立足于人权观，认为人人应当平等地接受教育。全纳教育是对普通教育提出的挑战，它面向全体儿童，特别是弱势儿童，旨在为所有儿童营造公平、高效、友爱的学习环境，促进所有儿童的发展。[②]虽然残疾儿童和学习困难儿童仍然是学校教育中最大的弱势群体，但是全纳教育的对象已经远远超越了这一范围。2000年在塞内加尔首都达喀尔召开的世界教育论坛就重申全纳教育不仅面向残疾儿童和处境不利的儿童，还面向遭遇贫穷、战乱、疾病、种族和宗教隔离、性别歧视的全体儿童、青少年和成人。

自“全纳教育”思想诞生以来，联合国教科文组织始终十分重视相关的教育政策改革，2005年出版了《全纳指南：确保通向全民教育》(Guidelines for Inclusion: Ensuring Access to Education for All)；2008年为了准备第48届国际教育大会“全纳教育：未来之路”，联合国教科文组织国际教育局和其他国际组织联合提出了实施全纳教育面临的五大挑战：态度转变和政策制定、通过早期幼儿保育和教育来确保全纳、全纳课程、教师和教师教育、资源和法律；2009年颁布了《全纳教育政策指南》(Policy Guidelines on Inclusion in Education)，在教育统计和理性思辨的基础上，为各会员国进行全纳教育政策改革和规划提供了建议和参考。

表4　全纳教育的重要文件

▶《世界全民教育宣言：满足基本的学习需要》
▶《萨拉曼卡宣言》及《行动纲领》
▶《全纳指南：确保通向全民教育》
▶《全纳教育政策指南》

① 黄志成. 教育公平——全纳教育的基本理念探析[J]. 比较教育研究，2010(9):53-57.

② 王晓辉，谷小燕，翁绮睿. 国际教育规则与全球教育治理[J]. 中国人民大学教育学刊，2012(1):124-137.

1994年的世界全纳教育大会共有90多个国家、25个国际组织和一些国家的非政府组织参与；2008年的“全纳教育：未来之路”大会吸引了153个会员国、20个政府间国际组织和25个非政府组织、基金会和其他民间机构的代表参会。“全纳教育”通过联合国教科文组织和其他国际组织的大力倡导和推广也已经得到众多国家和教育工作者的广泛认可。

（二）终身教育与学习化社会

1. 终身教育

“终身教育”的（Lifelong Education）理念最早源于法国的成人教育实践。1965年时任联合国教科文组织官员的法国成人教育家保罗·朗格朗在联合国教科文组织于巴黎召开的“第三届促进成人教育国际委员会”上提出“教育应该是个人从生到死一生中继续着的过程”，奠定了“终身教育”的理论基础。这一理念经过联合国教科文组织、专家学者40多年来的推动，外延在扩展，内涵也在不断深化，主要体现在联合国教科文组织先后发布的五份专家报告和文件之中。

表5　终身教育的重要文件

▶保罗·朗格朗与《终身教育导论》1970年
▶埃德加·富尔与《学会生存——教育世界的今天和明天》1972年
▶查尔斯·赫梅尔与《今日的教育为了明日的世界》1977年
▶雅克·德洛尔与《教育：财富蕴藏其中》1996年
▶《汉堡成人学习宣言》与《未来议程》1997年

1970年，保罗·朗格朗通过《终身教育导论》阐释了他对“终身教育”的理解：从时间上看，它突破了传统教育将人生割裂开来，前半生受教育后半生工作的观念，认为教育应当贯穿于人的一生当中；从空间上看，教育应该渗透到人生活的各个方面，终身教育强调教育与生活的联系，它要求将学校教育、家庭教育和社会教育联系起来，将这些教育

视为一个有机的整体，使教育形成空间上的整合；从教育目的上看，终身教育要求尊重人的个性、独立性和主动性，重视人的全面协调发展和培养自我学习的能力。

1972年，埃德加·富尔在《学会生存——教育世界的今天和明天》中对终身教育作出了新的阐释：从历史和现实的角度考察教育与人类生存及发展的关系，要求将终身教育作为教育政策的指导原则，提倡所有人都要终身不断地学习，终身教育应该使人们“学会生活、学会学习、学会自由地和批判性地思考、学会热爱世界、学会在创造过程中通过创造性工作促进发展”，最终目的在于使人成为他自己；认为终身教育的意义在于使教育成为有效的、公正的、人道的事业；强调终身教育是建立学习型社会的基石。

1977年，查尔斯·赫梅尔通过《今日的教育为了明日的世界》系统地论述了终身教育的内涵、必要性、意义、使命、模式。他认为终身教育理论是整个世界教育制度中具有革命性的一种新概念，“可以与哥白尼学说带来的革命相媲美”，是“教育史上最惊人的事件之一”。

1996年，雅克·德洛尔在《教育：财富蕴藏其中》中提出了著名的“四大支柱”，即学会认知、学会做事、学会共处、学会生存，标志着终身教育理论的一次重大转变。该报告“把与生命有共同外延并已扩展到社会各个方面的连续性教育称之为终身教育”；认为“终身教育是进入21世纪的关键所在，也是适应职业界的需要以及进一步控制不断变化的个人生活节奏和生活阶段的必备条件”[①]；指出了终身教育实践的三大原则：教育机会平等、将正规教育与非正规教育结合起来以及正规教育要沟通各阶段的学习。

1997年，联合国教科文组织在德国汉堡召开的第五届国际成人教育大会通过了《汉堡成人学习宣言》与《未来议程》，明确指出：为了构筑一个面向21世纪的学习型社会，就必须建立终身学习体系，必须继续发挥成人教育的作用，把正规教育与非正规教育结合起来。

“终身教育”是人们在一生中所受到的各种教育的总和，它包括一切教育活动、一切教育机会和教育的一切方面。终身教育可以从多个角度进行考察，从横向看，终身教育包括学校、家庭和社会等各个领域的

① 雅克·德洛尔．教育——财富蕴藏其中[M]．联合国教科文组织总部中文科，译．北京：教育科学出版社，1996：2-5.

教育；从纵向看，终身教育贯穿于人一生的胎儿期、婴幼儿期、青少年期、成人期和老年期各个阶段的教育；从教育的内容来看，终身教育包括文化科学教育、职业技术教育和生活教育；从教育的形式上看，终身教育包括正规教育、非正规教育和非正式教育。[①]

2. 终身学习与学习化社会

“终身学习”和“学习化社会”是终身教育概念的拓展，是一种角度的转变。“终身学习”的概念源于1976年联合国教科文组织第19次全体大会上通过的《关于发展成人教育的建议》。1994年在意大利罗马举行的首届世界终身学习会议对“终身学习”下的定义是：终身学习是通过一个不断的支持过程来发挥人的潜能，它激励并使人们有权利去获得他们终身学习所需要的全部知识、价值、技能与理解，并在任何任务、情况和环境中有信心、有创造性地愉快地应用它们。“学习化社会”最早由美国教育思想家、原芝加哥大学校长赫钦斯在1953年出版的《教育中的冲突》一书中提出，并在1968年出版的《学习化社会》中对这个概念做出了界定：不仅是对所有成人男女随时提供的成人教育，而且是以学习和完善人本身为目的，为此建立相应的社会制度并成功实现学习、自我实现和人的发展之间价值转换的社会。

“终身教育”“终身学习”和“学习型社会”的理念极大地改变了世界教育发展的方向。首先，成人教育及非正规教育被纳入终身教育的大系统之中，各国政府开始高度重视成人教育并以立法形式加以保障，促进了成人教育的发展。其次，促进了学校的变革，学校教育的目标和价值观开始转变，教学的组织形式也变得更加开放和多样。再次，促进了学校以外教育形式的发展。最后，进一步促进了教育与生产劳动和社会生活的有机结合。

终身教育、终身学习与学习化社会这三个概念之间既存在共同点又有一定的差异，见表6。

---

① 何齐宗．教育的新时代：终身教育的理论与实践[M]．北京：人民出版社，2008.

表6 三大概念的比较[1]

	终身教育	终身学习	学习化社会
共同	▶主张教与学过程的延续性和终身性 ▶主张教与学内容的广泛性和全面性 ▶主张教与学空间的开放性和社会性 ▶主张教学目的的双重性，服务于人的终身全面发展和社会的持续发展		
差别			
目标指向	对现行教育制度的超越	对传统教育范畴的超越	对社会形态的超越
战略选择	建立面向所有公民的终身教育体系	引导每个公民把终身学习作为一种生存方式	使社会变成一种学习形态的社会
实践重点	改革传统的教育制度	关注学习者的需要，提高学习者的能力	落实学习者的学习权利，构建多元开放的学习网络

终身教育和学习化社会一经提出便得到了全世界的广泛认可，从历届有关终身教育大会的参会成员国和有关终身教育出版物的数量中可见一斑。虽然终身教育不是具有法律效力的国际公约和具有一定约束力的宣言和建议文书，但它的理念和精神已经深入渗透到了各国的教育政策、研究和实践之中。

美国早在1976年就颁布了《终身学习法》，在1994年签署的《目标2000：美国教育法案》第5条中特别强调提供终身学习的机会。日本于1988年将社会发展局改名为终身学习局，并发表白皮书《日本文教政策：终身学习最新发展》，1990年又颁布了《终身学习振兴法》。法国在1989的《关于教育指导法的附加报告草案》里明确指出，“终身教育是学校、大学及其工作人员的一项使命”等。欧盟自1993年正式成立至今，

① 此表由北京师范大学国际与比较教育学院的硕士研究生翁绮睿同学制作。

制定并实施了一系列推进终身学习的政策，逐步建立起便于欧洲公民终身学习和国际流动的体制和机制。

表7　欧盟建立终身学习社会的行动

▶1996年，欧盟确定本年度为欧洲终身学习年，推出教育白皮书《教与学：迈向学习型社会》
▶2000年，欧盟执委会提出《终身学习备忘录》
▶2004年，欧洲委员会通过为期7年的关于《建立终身教育整体行动计划》的建议
▶2008年，欧盟制定统一的欧洲学习与培训资格框架《欧洲终身学习资格框架》
▶2009年，欧盟教育部长理事会批准《欧盟教育和培训2020计划》

（三）可持续发展教育

近几十年来，随着经济和社会的不断发展，全球环境问题日渐突出，环境保护和可持续发展成为各国发展的共识和国际社会的热点议题。据统计，从1870年到1990年的120年间，关注环境问题的国际环境协会、国际政府间环境组织、环境条约和国家环境部门的数量都呈显著增长的趋势。从1870年到1990年，国际环境协会和环境条约增加到了180多个；从1945年到1990年，国际政府间环境组织的数量增加到了160多个；从1970年到1990年，成立国家环境部门的国家数量也增加到了60个左右。①

通过国际非政府组织的大力倡导和推动，世界各国和国际社会对于发展问题逐步形成了新的理解，“可持续发展”（Sustainable Development）成为人类社会得以永恒延续的关键。“可持续发展”的概念产生于20世纪70年代，起初是与环境问题联系在一起的，反映了人类对于环境与发展关系的认识。1987年世界环境与发展大会发布的布伦特兰（Brundtland）作的《我们共同的未来》（Our Common Future）的报告首次将“可持续发展”定义为，“既满足当代人的需求，又不对后代人满

① John W. Meyer. The Structuring of a World Environmental Regime，1870 —1990 [J]. International Organization，1997，51(4):623-651.

足其需求的能力构成危害的发展”，这是可持续发展首次被正式纳入国际议程，并得到了全世界的广泛认可和采纳。

“可持续发展”的概念不是孤立的，涉及三个关键领域——社会、环境和经济，它们被称为可持续发展的三大支柱。从社会的视角来看，它关注人权问题、和平与人类安全、两性平等、文化多样性与国际理解、人口健康、多层面的治理（地区、国家和国际的治理）；从环境的视角来看，它关注自然资源（水、能源、农业和生物多样性）、气候变化、城市化进程中的农村发展、可持续的城市化、防灾减灾；从经济的视角来看，它关注减少贫困、经济合作中的责任与问责、治理市场经济。详见下图。

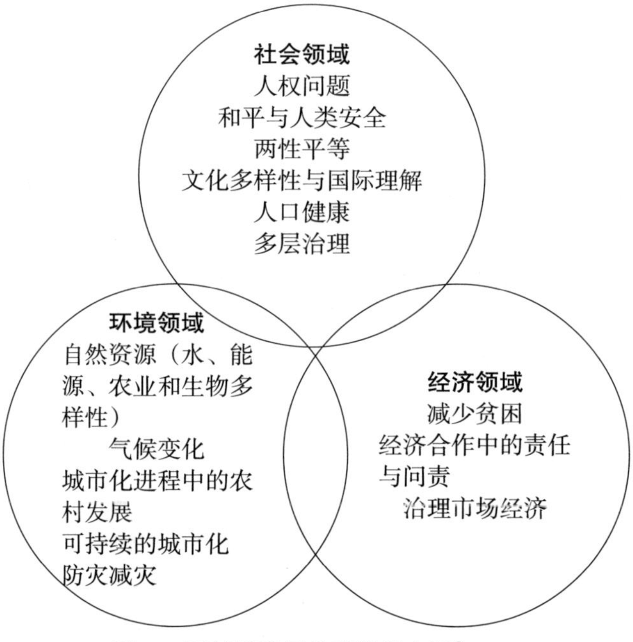

图10　可持续发展教育的概念图[①]

教育作为现代社会的一项基本制度，不得不回应世界文化蓝图的发展与变化，可持续发展的理念业已成为现代教育发展的一个重要指导思想，可持续发展教育也成为国际教育界持续倡导的一个主题。

“可持续发展教育”（Education for Sustainable Development，简称

① 此图由北京师范大学国际与比较教育研究院的硕士研究生翁绮睿制作。

ESD）的概念首先在1992年里约热内卢地球峰会（Earth Summit）上由联合国教科文组织提出，并作了如下定义："可持续发展教育是一个正在萌生的、动态的概念，它蕴含了一种新的教育观点，那就是要使所有人承担起创造可持续未来的责任。"该会议还提出，教育是推动可持续发展、增进人类解决环境与发展问题能力的关键因素。在2002年召开的约翰内斯堡峰会（Johannesburg Summit）上，可持续发展的概念拓展到人类社会的可持续发展，并将维持社会公平和战胜贫困作为可持续发展的重要原则。会议认为，人类社会的稳定、平等与合作是保护环境的十分重要的手段，教育被认为是解决以上社会问题的突破口。

2003年，联合国教科文组织又对可持续发展教育做了一次更细致而全面的定义："可持续发展教育是一个学习如何在考虑到经济、生态和所有人公平的长远未来的前提下做出决策的过程……这代表着一种新的教育理念，帮助所有人更好地理解他们所生活的世界，帮助他们解决贫困、过度消费、环境退化、城市衰落、人口增长、健康、战争和侵害人权等威胁我们未来的既复杂又彼此关联的问题。这种教育理念强调用整体的、跨领域的方法，发展可持续的未来所必需的知识与技能，并且改变人们的价值观、行为和生活方式。"①

可持续发展教育不是一个特定的项目或计划名称，而是作为已经存在的若干教育形式的总括而出现的。可持续发展教育关注人与环境的关系，希望通过教育来维护人类社会的生态平衡，在不超出地球自然环境承受能力的前提下来增进全人类的福祉（环境教育）。可持续发展教育也关注人与人之间的关系，强调对他人，包括对于前辈和后辈的尊重，依靠并通过尊重他人来维护地球上的文化差异与多样性（和平文化与国际理解教育、语言与文化多样性教育）。当然，可持续发展教育作为一种教育理念，也关注教育与学习领域中的一些现象或问题，如：促进终身学习；采取正规教育、非正规教育和非正式教育全方位贯彻可持续发展的理念；改革教育政策，重新定位教育；改革课程；采用多样化的教育技术；教师培训等等。

为了更好地通过教育促进人类社会的可持续发展，国际社会通过召

① Hilary Landorf，Stephanie Doscher，Tonette Rocco. Education for Sustainable Human Development Towards a Definition[J]. Theory and Research in Education，2008，6:221-236.

开国际会议、设立国际项目、签订公约和宪章，使环境教育、语言与文化多样性教育、和平与国际理解教育进入国际议程，推动了人类可持续发展理念的传播和实践。

1. 环境教育

1972年联合国在斯德哥尔摩召开了首届“人类环境会议”，成立了联合国环境规划署，正式确立了“环境教育”的名称，并在第96号文件建议中着重强调了进行环境教育的重要性和国际合作的必要性，明确了环境教育的性质、对象和意义。此后，国际社会又通过召开各类环境教育会议、签署相关环境教育宣言，使“环境教育”成为了一项全球议程。

1975年，联合国教科文组织与联合国环境规划署合作成立了国际环境教育规划署，发起开展全球环境教育规划。10月，联合国教科文组织和联合国环境规划署在贝尔格莱德举行了国际环境教育研讨会，签署了著名的《贝尔格莱德宪章》，详细提出了环境教育的一整套指导政策。

1977年10月14日至26日，联合国教科文组织和联合国环境规划署举办了首届政府间环境会议，发表了《第比利斯政府间环境教育宣言和建议》，为各国日后开展环境教育提供了准则。此次会议还就环境教育的教学内容、方法作了进一步讨论，突出了教师职前和在职培训的地位，继续强调了规划和策略信息传播的重要性，提倡继续努力扩大环境教育发展的国际合作。

1987年，世界环境与发展委员会（WCED）发布了《我们共同的未来》。1992年的地球高峰会议提出了《21世纪议程》，使环境教育成为世界公民必备的通识，也是国际社会共同的责任。同年签署的《联合国气候变化框架公约》也要求专门通过“教育、公众意识和培训”来促进环境保护。

表8 环境教育的相关文件

- ▶《贝尔格莱德宪章》 1975年
- ▶《第比利斯政府间环境教育宣言和建议》 1977年
- ▶《我们共同的未来》 1987年
- ▶《联合国气候变化框架公约》 1992年
- ▶《21世纪议程》 1992年

2. 语言与文化多样性教育

教育与语言和文化的多样性有着密切的联系。传承至今的各种教育形式和丰富的教育内容都是文化多样性的一种体现；语言不仅是文化多样性的一种表现，也是教育和文化传承与传播的重要媒介；教育又是语言和文化多样性得以保护、传承和传播的重要保障。

2001年，联合国教科文组织通过的《世界文化多样性宣言》及附件《行动计划要点》，重点强调了教育对于保护语言和文化多样性的作用。提倡在尊重母语的前提下，在所有可能的地方实现各级教育中的语言多样化，鼓励自幼学习多种语言。通过教育，培养对文化多样性积极意义的认识，并为此改进教学计划的制订和师资队伍的培训工作。在必要时，将传统的教学方法纳入到教学工作中，以保存和充分利用有关文化所特有的交流和传授知识的方法。

2003年的联合国教科文组织濒危语言国际专家会议建议通过支持和改进教育政策来拯救处于濒危状态的语言，强调“发展包括培训师资和培养后代学习母语在内的教育事业”对保护语言多样性的重要意义。同年，联合国教科文组织通过的《非物质文化遗产公约》的第十四条也提倡通过“教育、宣传和能力培养”来保护非物质文化遗产，包括：实施面向公众，尤其是面向青年的教育、宣传和信息传播计划；实施针对有关群体和团体的具体教育和培训计划；促进对非物质文化遗产的呈现所需要的自然场所和纪念地点进行保护的教育。

2005年，联合国教科文组织通过的《保护和促进文化表现形式多样性公约》第十条专门论述了“教育和宣传”对于保护文化表现形式多样性的重要意义：鼓励和提高对保护和促进文化表现形式多样性重要意义的认识，尤其是通过教育和提高公众认识的计划来达到此目的；通过制订文化产业方面的教育、培训和交流计划，致力于鼓励创作和提高文化产业的生产能力。

表9　语言与文化多样性教育的相关文件

▶《世界文化多样性宣言》的附件《行动计划要点》2001年
▶《非物质文化遗产公约》2003年
▶《保护和促进文化表现形式多样性公约》2005年

3. 和平文化与国际理解教育

《联合国教科文组织法》开宗明义指出："战争起源于人之思想，故务须于人之思想中筑起保卫和平之屏障。"联合国教科文组织自成立以来就一直致力于通过"和平文化教育""促进文明间对话"和"国际理解教育"来推动世界和平事业的发展。

为了推动"和平文化教育"的真正落实，联合国和联合国教科文组织召开了一系列相关会议，签署了宣言和建议，并策划了相关的项目活动。1974年，联合国教科文组织发表了《为国际理解、合作与和平的教育及与人权和基本自由相联系的教育之建议》，为世界范围内和平教育的推行指明了方向。1994年，联合国教科文组织发布了《教育促进和平、人权和民主行动声明和一体化框架宣言》，再次重申教育在化解冲突、构建和平上所发挥的不可替代的作用。联合国也于1997年、1998年、1999年分别召开了三次大会，将2000年定为"和平文化国际年"，宣布2000年至2010年为"为世界儿童建设和平与非暴力文化国际十年"，颁布了《和平文化宣言和行动纲领》，世界和平教育的发展开始进入一个新的阶段。

"和平文化教育"是化解矛盾冲突、建构人类永久和平的重要一环，主要包含三个层次："关于和平的教育"（education about peace）主要涉及和平的本质及意义，强调有关和平的知识传授和构建以及社会冲突中的和平教育和相关技能训练；"为了和平的教育"（education for peace）强调教育的目的就是为了和平，强调树立全球问题复杂性和人类多样性的观念；"通过教育来实践和平"（peace through education）则强调和平是无所不在的实践，可以透过各种正式与非正式的教育活动来实践和平的理念。①

"国际理解教育"是指世界各国在国际社会的倡导下，以"国际理解"为教育理念而开展的教育活动。其目的是增进不同文化背景的、不同种族的、不同宗教信仰的和不同区域、国家、地区的人们之间相互了解和相互宽容；加强他们之间的相互合作，以便共同认识和处理全球社会中共同存在的重大问题；促使每个人都能够通过对世界的进一步认识来了解自己和了解他人。② 随着世界文化蓝图的不断发展，"国际理解教

① 王正青．社会冲突中的和平教育[J]．教育学术月刊，2009(10):10-12.

② 雅克·德洛尔．教育——财富蕴藏其中[M]．联合国教科文组织总部中文科，译．北京:教育科学出版社，1996:34.

育”的关注范围也在不断变化：

◇20世纪40年代，以谋求和平的希望为主，体现在1948年的“世界共存教育”八项目标之中；

◇20世纪50年代，从提倡教育人类成为世界共同体到开始关注冷战冲突问题；

◇20世纪60年代，第三世界国家的加入扩大了“国际理解教育”的实施范围；

◇20世纪70年代，通过了《为国际理解、合作与和平的教育及与人权和基本自由相联系的教育之建议》，明确地界定了“国际理解教育”的内涵和内容；

◇20世纪80年代到90年代，被誉为“人们思想上的和平国际大会”于1989年在亚穆苏克罗召开，提出以“和平文化”代替“战争文化”。1994年联合国教科文组织在日内瓦召开第44届“国际理解教育的总结与展望”的教育大会，制定了《为和平、人权和民主的教育综合纲领》；

◇21世纪，新千年的到来为“国际理解教育”提供了新的发展机遇和挑战。

表10 “和平文化教育”和“国际理解教育”的相关文件

▶《为国际理解、合作与和平的教育及与人权和基本自由相联系的教育之建议》　1974年

▶《教育促进和平、人权和民主行动声明和一体化框架宣言》　1994年

▶《和平文化宣言和行动纲领》　1999年

如今，可持续发展教育的理念经过几十年的推广与实践，已经传播到世界上大多数国家和地区，虽然各国、各地区和一些国际组织对可持续发展教育内涵的理解不尽相同，但这个概念本身已经得到了国际社会的广泛认同。

（四）人力资本理念

“人力资本”的概念最先是由美国经济学家西奥多·舒尔茨（Thodore W. Schults）提出，他在1960年的美国经济协会年会上以会长的身

份做了题为“向人的资本的投资”的主题演讲，明确指出相比于物质资本和劳动力的投入，对人的知识、能力、健康等方面的投资更能促进经济的增长。舒尔茨认为，人力资本包括用以形成和完善劳动力的各种投资，这些投资主要有：（1）教育投资，用于发展教育事业，以提高人们的知识水平和劳动力的质量，即提高劳动者的工作能力、技术水平和熟练程度；（2）保健投资，用于发展保健事业，以减少人们的疾病和死亡，提高劳动者的素质，增强其工作能力，延长其服务年限；（3）劳动力迁徙投资，用于发展劳动力市场行情调研机构，以提供有关信息，并协助劳动力流动，促进解决劳动力余缺调剂和专长发挥。①

舒尔茨“人力资本”理论的提出以及对人力资本形成与教育关系的论述直接导致了人们对教育作用的重新认识以及对教育投入的重新审视。学界兴起了对“人力资本与教育发展关系”的研究热潮；而世界银行、经合组织、联合国教科文组织等国际组织对“人力资本”概念的传播和推广，进一步推动了各国教育政策的改革。

ERIC（Education Resource Information Center）数据库中收录了3291篇有关“human capital and education”的文章。Springer Link数据库中则收录了69,155篇相关的研究，包括著作中的章节。Google Scholar中收录了649篇有关“human capital and education”的英文文章，而有关“人力资本与教育发展”的中文文章数量则多达181,000篇。在知网数据库中以“人力资本与教育”作为主题检索词，能够检索到1643条相关的文章，最早的发表于1991年，而从2005年到2013年，相关的文章数量都在百篇以上。斯坦福图书馆收录了55本有关“human capital and education”的著作，国家图书馆中收录的相关著作和学位论文也有336本。

世界银行是“人力资本理论”最积极的倡导者和践行者。世界银行成立之初并不关注教育，首次涉足教育领域是在1962年。受到“人力资本理论”的影响，从20世纪60年代以后，世界银行的贷款政策和方向发生了重大的转变：从以前的硬投入开始向软投入倾斜，即从传统的基础设施、硬件设备投入转向对人力资源的开发，包括教育、卫生和医疗，体现在世界银行的一系列教育政策文件、研究报告和贷款项目上。世界银行自1945年成立，截止到2005年，共发布了19份重要的教育政

---

① 陈应鹤. 人力投资与经济增长——舒尔茨的“人力资本”理论述评[J]. 社会科学，1991(6):73-76.

策文件，包括教育备忘录、教育部门工作报告、教育战略、各领域的教育政策等。此外，世界银行还于2011年发布了一份世界银行的2020年教育战略规划报告《全民学习——投资于人民的知识和技能以促进发展》，通过帮助青年人获得就业市场所需要的正确技能来应对这个前所未有的不断变化的时代。

表11　世界银行重要的教育政策文件

▶《第一份教育政策备忘录》　1962年
▶《第一份教育政策研究报告》　1967年
▶《第二份教育政策备忘录》　1970年
▶《教育部门工作报告》　1971年
▶《教育部门工作报告》　1974年
▶《教育政策报告》　1980年
▶《萨卡罗普洛斯研究报告》　1980年
▶《劳伦斯·沃尔夫研究报告》　1984年
▶《阿兰·明盖特和萨卡罗普洛斯研究报告》　1985年
▶《发展中国家的教育财政：政策选择的一种探索》　1986年
▶《撒哈拉以南的非洲教育政策：调整、复兴和扩张》　1988年
▶《初等教育：世界银行政策报告》　1990年
▶《职业技术教育：世界银行政策报告》　1991年
▶《高等教育：经验和教训》　1994年
▶《教育的当务之急和发展战略：世界银行的回顾》　1995年
▶《教育部门战略》　1999年
▶《发展中国家的高等教育：危机与前景》　2000年
▶《构建知识社会：高等教育的新挑战》　2002年
▶《世界银行中等教育报告》　2004年
▶《教育部门新战略》　2005年
▶《全民教育：投资于人民的知识和技能以促进发展》　2011年

世界银行行长乔治·伍兹（George D. Woods）在1962年发布的第一份教育政策备忘录中明确指出："银行应准备考虑投资一部分优先的教育贷款项目，目的是在数量上和种类上培养满足经济发展所需要的训练

有素的人力资源。”1974年的《教育部门工作报告》中提到“为了满足人力资源的需求，要在最基本的教育之上提供进一步的教育和培训机会”；1980年的《教育政策报告》提出要从五个方面来促进发展中国家的教育，其中之一就是“人力资源开发所必需的基础教育”；2000年，世界银行与联合国教科文组织联合发布的《发展中国家的高等教育：危机和前景》也敲响了“如果不提升人力资本，国家势必落后，知识和经济发展势必遭到排斥和孤立”的警钟。[①] 进入2000年以后，世界银行的教育政策开始与世界性的教育发展目标靠近，如《全民教育宣言》和《千年发展目标》，致力于通过教育让所有的人都掌握新世纪社会生活和就业市场所需的基本技能，让每个人都成为高质量的人力资源。

除了教育政策的引导，世界银行还以其雄厚的资金力量在全世界开展各类教育发展的援助项目，并通过这些项目将“人力资本”的理念渗透到受援国的教育政策和教育实践活动之中。

受到舒尔茨“人力资本理论”的影响，联合国教科文组织的教育政策也在20世纪60年代发生了转向：从传统的注重教育的基本价值转向了关注教育的经济收益，体现在联合国教科文组织所提出的一系列“教育规划”理念和“教育规划”实践活动之中。联合国教科文组织于1958年首次提出了“教育规划”的目的：“通过增加教育人员和财政资源，扩大教育规模，调整教育目标，加强教育监督，密切各级各类教育之间的联系来加强个体的生产和消费能力，促进国家经济发展，提高人们的日常生活水平。”[②] 根据这些基本理念，联合国教科文组织在世界各地开展了大量相关的实践活动，库姆斯曾将这些活动归纳为“社会需求取向”“劳动力取向”和“回报率取向”三大类。[③]

20世纪60年代，联合国开发计划署的教育援助也转向了人力资本和经济效益的方向，主要聚焦于回报最快速、最直接的职业技术教育和工程教育。经合组织于1992年开发的教育概览指标也是以教育的“投入和产出”为价值取向，关注教育的财政和人力资源产出。

---

① 沈蕾娜. 隐形的力量：世界银行的高等教育政策及其影响[M]. 北京：高等教育出版社，2011:29-44.

② UNESCO. Philosophy and Scope of Overall Planning for Education[R]. Paris: the United Nations Educational Scientific and Cultural Organization, 1958:3-4.

③ 滕珺. 价值理性与工具理性的抉择——联合国教科文组织教育政策的话语演变[J]. 教育研究，2011(5):92-101.

受到国际组织的政策影响和项目援助，“通过教育培养人力资本”的理念早已进入各国的教育政策话语体系之中，通过把教育和人力资源开发放在优先发展的地位，开展了新一轮的教育战略竞赛。

表12　各国人力资源发展战略①

美国教育发展战略
▶1989年，美国总统和50个州长首次联合召开了“教育首脑会议”，提出了“六项全国教育目标” ▶1990年，美国劳工部成立了“获取必要技能部长委员会”，并通过研究发表了《21世纪美国对学校的要求》的报告，对学生提出了“五大能力”和“三大基础”的要求 ▶2002年，小布什总统签署了《不让一个孩子掉队法案》；1998年，联邦教育部制定了《1998—2002年教育战略规划》，2001年发表《2001—2005年教育战略规划》，2002年发布了《2002—2007年教育战略规划》
英国教育发展战略
▶2001年，将“教育与就业部”更名为“教育与技能部” ▶2002年，发布了《传递结果：到2006年的战略》，全面勾画了英国未来5年的国家教育战略框架：为每个人发展其学习创造机会、释放人的潜力，在教育标准和技能上达到卓越
韩国教育发展战略
▶1994年，成立了“总统教育改革委员会”，发布了4份教育改革报告，提出了“教育福利国家”的构想 ▶2001年，出台了《人力资源、知识、新起飞：国家人力资源开放战略》，明确提出到2005年使韩国的人力资源竞争力要跻身世界前十位

① 中国教育与人力资源问题报告课题组．从人口大国迈向人力资源强国［M］．北京：高等教育出版社，2003：183-194.

（续表）

日本教育发展战略
►21世纪初，文部科学省颁布了《国立大学重建方针》（2002）和《30所一流大学计划》（2001） ►21世纪初，文部科学省向国会提交了振兴日本教育的《21世纪教育新生计划》
澳大利亚教育战略
►1999年，联邦教育部长和各州教育部长共同签署了《关于21世纪国家学校教育目标的阿莱德宣言》，提出了国家未来的教育发展战略
新加坡教育发展战略
►1998年，新加坡政府制定了《人力21世纪：一个人才都市的远景》的报告书，提出了人力资源发展的六大战略 ►1998年，新加坡颁布了《Top 10计划》，提出要把新加坡建设成国际教育枢纽
俄罗斯教育发展战略
►2000年，通过了《关于教育兴国思想的决议》 ►2000年，通过了《俄罗斯联邦2001—2005教育领域科学、科学技术和创新政策的构想》 ►2001年，《2010年前俄罗斯教育现代化构想》
印度教育发展战略
►1986年，颁布了《国家教育政策》同《国家教育政策行动计划》 ►印度一直将高等教育作为教育发展的龙头，其经费比例占整个教育经费的比例很大

三、科学化的教育监测和评价系统

随着科学的大发展和科学权威的兴起，理性和科学已经渗透到人类社会生活的各个领域，包括教育。教育学已经成为一门被广泛认可的社会科学，指导着人类教育活动的方方面面：教育哲学引领教育发展方向；教育政策和教育法学为政府进行科学教育决策提供咨询；教育社会学解释教育与社会发展的关系；教育技术学拓展教育形式；教育经济学计算教育投入和产出；教育管理学引导教育体制建设；学前教育学专注于儿童的教育和发展；特殊教育学指导残疾学生的教育；高等教育学指引大学发展方向、创新发展模式；家庭教育学为家长如何教育和培养孩子提供专业知识；职业技术教育学为社会如何更好地培养劳动力提供建议；教育心理学为教学实践提供支持；比较教育学把握全球教育动态，为教育改革提供借鉴和参考。

教育学的科学化和全球化进程不断加深，二者共同为科学化的全球性教育监测和评价系统的开发和实施奠定了基础。国际组织凭借其在全球广泛的会员体系和强大影响力，成为全球性教育监测和评价体系的主要建构者和实施者；而众多第三方机构也在这个国家日益弱化，市场和公民社会日益强大的现代世界成为全球性教育监测和评价系统的开发者。全球性教育监测和评价指标系统的兴起，为各国教育的监测与发展提供了比较的基准，同时也促进了世界教育模式的标准化和同形。

（一）UNESCO的教育统计和监测指标

1. 教育统计指标

联合国教科文组织于1999年在加拿大蒙特利尔设立了统计研究所（UNESCO Institute for Statistics, 简称UIS），专门负责收集、分析和发布具有国际可比性的有关成员国教育、科学、文化发展和交流方面的统计数据，并为全体会员国、联合国教科文组织、联合国系统以及各跨政府组织、非政府组织、研究机构与大学提供相关的服务。在教育领域，该机构主要通过各国政府提供的官方数据来统计各类相关的教育信息，主要包括：学前教育机构、小学、中学、学院、大学及其他第三级教育机构提供的普通教育；公立（国立）和私立学校、学院或大学教育；特殊教育（包括普通学校和特殊教育学校提供的特殊教育）。

联合国教科文组织统计研究所的数据收集主要通过以下三项调查：

（1）UIS调查，联合国教科文组织统计研究所自己每年向会员国发放教育调查问卷；（2）UOE（UNESCO Organization for Enconomic Cooperation and Development Eurostat，简称UOE）调查，联合国教科文组织统计研究所与经济合作与发展组织、欧盟统计所（Eurostat）合作收集年度教育数据，主要针对经合组织、欧盟的成员国以及合作国中的中高等收入国家；（3）世界教育指标（World Education Indicator，简称WEI），1997年联合国教科文组织、经济合作与发展组织、世界银行和11个中等收入国家合作展开的世界教育指标项目，主要用于衡量世界发展进程、了解全世界人类生活状况的统计指标体系。2011年第15版"世界发展指标"，共涵盖世界人口、环境、经济、国家与市场、全球联系五大方面，教育指标被包含在人口指标之中，共分五类：教育投入、教育参与、教育效率、教育的完成和产出、教育中的收入与性别差异。

到目前为止，联合国教科文组织统计研究所已经开发了10套常规教育监测与统计指标系统：

☆全球教育要览（Global Education Digest），每年发布一期，呈现全球教育发展的最新数据；

☆国际目标（International Goals），主要监测西班牙千年发展目标所制定的有关教育发展目标在全球的进展情况；

☆儿童辍学率监测（Out-of-school Children），发布全球被排除在学校之外的适龄入学儿童的数据；

☆性别与教育（Gender and Education），以性别为自变量来统计全球女童和妇女教育的进展情况；

☆高等教育（Higher Education），追踪全球、区域和国家层面的第三级教育的发展情况；

☆教师（Teacher），发布全球教师的特征、培训和工作条件方面的数据；

☆教育财政（Education Finance），为提高撒哈拉以南的非洲地区教育质量而特别开发的一套有关教育投入的监测体系；

☆区域数据收集（Regional Data Collections），与区域合作伙伴共同开发的一套满足各区域特殊教育项目和政策制定而提供相关数据的一套指标体系；

☆学习结果观测（Observatory of Learning Outcomes），监测全球学生的学习水平和结果；

☆国际教育标准分类（ISCED Classification），一个有关教育体制和教育发展的概念体系和框架文件，用于对世界各国的教育体制和教育发展进行统计和比较。

2. 教育监测指标

此外，联合国教科文组织统计研究所还专门为“全民教育”和“可持续发展教育十年”的目标制定了一套全球监测体系。

为督促、激励和支持世界各国全民教育的发展，联合国教科文组织统计研究所建立了全民教育监控平台（EFA Observatory），在已有目标的基础上，制定了适合于统计分析和国际比较的监测指标体系，并于2002年开始开展全民教育监测工作，每年发布《全民教育全球监测报告》（EFA Global Monitoring Report）。2003年，联合国教科文组织设立了全民教育发展指数（EDI），这是一个综合性指数，较好地反映了各国全民教育发展的总体进展与趋势。迄今为止，联合国教科文组织共发布了13份年度性的《全民教育全球监测报告》，除了根据全民教育的六大目标做持续性地监测之外，每年还特别关注一个核心议题。全球全民教育监测体系在世界上有着广泛的影响力，为教育工作者和教育政策制定者提供了本国教育发展的最新进展和丰富的案例分析。

表13　全民教育监测报告

▶《全民教育——世界走上正轨了吗?》　2002年
▶《性别与全民教育——向平等跃进》　2003/2004年
▶《全民教育——提高质量势在必行》　2005年
▶《扫盲至关重要》　2006年
▶《坚实的基础——幼儿保育和教育》　2007年
▶《在2015年之前实现全民教育——我们能做到吗?》（中期报告）　2008年
▶《消除不平等：治理缘何重要》　2009年
▶《普及到边缘化群体》　2010年
▶《潜在危机：武装冲突与教育》　2011年
▶《青年与技能：接近教育和就业的距离》　2012年
▶《教学与学习：实现高质量全民教育》　2013/2014年
▶《2000-2015：成就与挑战》　2015年
▶《教育造福人类与地球：为全民创造可持续的未来》　2016年

2005年，联合国教科文组织发布了《联合国可持续发展教育十年（2005—2014）国际实施计划》[United Nations Decade of Education for Sustainable Development (2005—2014) International Implementation Scheme]，第二年又发布了更为详细的《可持续发展教育十年国际实施计划框架》(Framework for the UN DESD International Implementation Scheme)，这两份文件明确了可持续发展教育十年的愿景和目标。愿景是“使所有人都有机会接受教育，学习可持续的未来和积极的社会转型所要求的价值观、行为和生活方式，并获益于这种教育和学习”。目标是：将教育与学习置于追求可持续发展的中心地位；促进可持续发展教育有关各方的网络、联系、互换与互动；通过各种形式的学习和公共意识，为重新定义可持续发展、提升可持续发展的愿景和向可持续发展过渡提供空间和机遇；提高可持续发展教育的教学质量和学习质量；在各个层面开发相应策略，加强可持续发展教育的能力。

2007年，联合国教科文组织成立了可持续发展教育十年监测与评估专家组，负责制定可持续发展教育十年监测与评估指标体系。专家组计划开展三轮评估：第一轮在2009年开展，关注可持续发展教育工作的背景和结构；第二轮在2011年开展，关注与可持续发展教育相关的进程和学习主动性；第三轮在2015年开展，关注可持续发展教育十年的影响和成果。

（二）OECD教育概览和PISA测评

经济合作与发展组织成立于1961年，是由34个市场经济国家组成的政府间国际经济组织，旨在共同应对全球化带来的经济、社会和政府治理等方面的挑战，并把握全球化带来的机遇。该组织于1968年首次涉足教育领域，并成立了专门的教育司，下设7个处，其中“教育研究与革新中心”和“教育统计处”专门负责国际教育比较与测评。

1. 教育概览指标

经合组织自成立之日起就非常重视人力资本在经济与社会发展中的重要作用。20世纪70年代，为了满足会员对各国教育发展情况的比较需求，该组织于1973年开发了一套用于统计和比较教育产出的综合指标体系——“引导政府决策的教育发展指标体系”，以便各会员国之间互相学习和借鉴，但该指标体系并没有持续下来，以失败告终。20世纪80

年代中期，为提高教育数据的国际可比性，经合组织将市场经济中的供需模型运用于教育中，基于CIPP评价模式（背景—投入— 过程 —产出)，建立起了一个包括教育背景、成本、资源、学校过程与教育结果之间关系的指标体系。

1992年，经合组织开始发布《教育概览，使用基于CIPP模式的教育指标体系对各国教育事业发展状况进行成本—收益分析》（Education at a Glance: OECD Indicators）。早期的《教育概览》约每两年发布一次，2000后改为每年发布一次，并持续至今。《教育概览》的教育指标体系并不是固定的，通过不断调整直到2003年才确定了四大类指标：（1）教育机构的产出与学习的影响；（2）教育的财政与人力资源投入；（3）受教育机会、教育的参与程度和进步；（4）学习环境与学校的组织。在这四个类别下，每年教育指标的数量和内容都会随着教育的发展以及统计方法的进步而不断变化，并根据统计需要添加一些质性指标。经过多年修正，《教育概览》已不再是针对教育领域的成本—收益分析，而是更多地关注教育的社会价值、个人与家庭的教育选择等问题，体现了经济合作与发展组织的教育评价价值取向的转变。

到2013年，经合组织已经发布了近20份教育概览报告，该指标的统计范围也远远超出了经合组织自身的34个成员，还包括8个非经合组织成员，分别是俄罗斯、巴西、中国、阿根廷、印度尼西亚、沙特阿拉伯、印度和南非。

表14　经济合作与发展组织《2013年教育概览》中的教育指标体系

A. 教育机构的产出与对学习的影响	A1. 成年人的受教育程度如何?
	A2. 预计有多少学生完成中等教育?
	A3. 预计有多少学生完成第三级教育?
	A4. 实际有多少学生完成了第三级教育?
	A5. 受教育水平在多大程度上影响学生在劳动力市场的就业率?
	A6. 单独因为受教育获得的收入是多少?
	A7. 投资教育的动力是什么?
	A8. 教育有什么社会影响?
B. 教育的财政与人力资源投入	B1. 生均教育支出是多少?
	B2. 教育支出占国家财富的比例是多少?
	B3. 教育中有多少公共和私人投入,分别是多少?
	B4. 教育中的公共总支出是多少?
	B5. 第三级教育学生开支是多少? 他们得到多少公共补贴?
	B6. 教育经费花在哪些资源和服务上?
	B7. 影响教育支出水平的因素是什么?

（续表）

C. 受教育机会、教育的参与程度和进步	C1. 谁参与教育？
	C2. 世界各地的早期儿童教育项目有什么不同？
	C3. 预计有多少学生进入第三级教育？
	C4. 哪些学生能够出国学习，在哪儿学习？
	C5. 从学校走向工作：15—29岁年龄段的人在哪儿？
D. 学习环境与学校的组织	D1. 学生在课堂上花费多少时间？
	D2. 生师比和班级规模是多少？
	D3. 教师薪资水平是多少？
	D4. 教师用于教学的时间有多少？
	D5. 哪些人在担任教师？

2. 国际学生评估项目

经合组织于2000年首次开展的“国际学生评估项目”，凭借其广泛的参与度、内容涵盖度和强大的国际影响力，已经成为国际教育评估领域的佼佼者。

国际学生评估项目主要是通过笔试测量15岁学生的阅读素养、数学素养和科学素养，从而了解15岁学生已经知道什么和能用自己所掌握的知识做些什么以及是否为成年后的生活和学习做好了准备。2012年的测试新加了一项对学生理财素养的测试。整个纸笔测试持续两个小时，在一些条件允许的国家和地区，还外加了40分钟的计算机测试，主测学生的数学能力、阅读能力和问题解决的能力。

表15 国际学生评估项目的测试领域[①]

领域	阅读素养	数学素养	科学素养
定义	为了实现个人目标、增长知识、发展潜能和参与社会活动而理解、使用和反思书面文本的能力	鉴别、理解和从事数学活动，对数学的作用做出合理的判断，这些能力是作为一名建设性的、参与性的、反思性的公民所终身需要的	使用科学知识发现问题，基于证据推导出结论，以便理解自然世界和人类活动带来的改变，并做出相关的决定
要素或维度	☆阅读不同类型的文本 ☆完成不同类型的阅读任务，如检索特定信息、解释或反思文本的内容和形式 ☆阅读不同书写目的的文本，如为了个人兴趣或者满足工作需要	☆数学内容—首先是数学的"大概念" ☆数学能力—如建模、解决问题等 ☆在不同的情境中使用数学，如影响个人、社区和世界的问题	☆科学概念—如能量守恒、适应、分解等来自物理、生物、化学等主要科学领域的术语 ☆处理技能—如鉴别证据、绘图、评价和沟通结论，处理技能并不一定建立在科学知识的基础上，但也离不开科学知识 ☆在不同的情境中使用科学知识和技能，如影响个人、社区和世界的问题

① OECD. Measuring Student Knowledge And Skills: A New Framework for Assessment[R]. http://www.oecd.org/edu/school/programme for international student assessment-pisa/33693997.pdf.

国际学生评估项目不仅仅是测量学生的学业成就，也不只是各国教育竞赛的平台，它还具有一定的政策导向作用，借助调查问卷的形式，分析影响学生学业素养和学业成绩的个人、家庭、学校、社区和国家层面的因素，从而为各国的教育决策提供依据和国际参考标准。学生需要完成一份30分钟的调查问卷，涉及自己的个人信息、家庭情况和在学校的学习经历。学校校长也要完成30分钟的调查问卷，包括学校系统和学校学习环境方面的信息。在一些有条件的国家和地区，还有针对家长的问卷，要求提供他们参与孩子学校生活的时间和比例、对孩子在家学习所提供的支持以及孩子的职业期待，特别是在数学方面。在某些国家和地区，学生还可以选择填写两份额外的问卷，问题涉及学生对信息交流技术的熟悉程度、教育生涯中是否发生过学业中断以及对未来职业的准备情况。

国际学生评估项目开始于2000年，之后每三年举行一次，每次重点关注学生一个方面的素养，9年一个轮回测完所有科目：如2000年关注阅读素养、2003年关注数学素养、2006年关注科学素养；2009年又重新关注阅读素养、2012年又重点关注数学素养，以此类推。国际学生评价项目首次开展就吸引了28个国家（地区）参加，其中24个经合组织成员，4个非经合组织成员，参与测试的学生人数为18万；到2012年，参与国家和地区已经达到65个，其中34个成员和31个非经合组织成员，代表了全球经济总量的80%，而参与测试的学生人数则增加到了51万，代表了这些国家或地区的2800万15岁学生。从2000年至2015年，国际学生评估项目的参与国家和地区的个数从32个增加到了72个，其中非经合组织成员的数量增加显著，从4个增加到了38个；而参与测试的学生数量也从18万增加到了54万，由此可见，国际学生评估项目在全球的影响力。

表16　国际学生评估项目（2000—2015）

年份	国家和地区数量	学生人数	代表学生人数
2000年	32个（28+4）	18万	—
2003年	41个（30+11）	25万	—
2006年	57个（30+27）	40万	2000万
2009年	65个（34+31）	47万	2600万
2012年	65个（34+31）	51万	2800万
2015年	72个（34+38）	54万	—

国际学生评估项目克服了以往偏重知识掌握的评价取向，采取了知识和能力兼顾的综合素养测试，关注学生是否为适应未来的生活和工作做好准备。同时它也兼顾了教育公平与质量，不仅比较国家间的差异，发现最高质量的教育范例，而且也通过比较国家内的差异，检验各国是否实现了教育公平，如果教育质量不高，或者内部差异过大的教育体制必定潜藏着问题。该项目还通过回归统计分析，找出各国教育问题的弊病之所在，为各国教育改革与决策提供参考。在过去的十几年，经合组织的国际学生评估项目已经成为衡量各国学校系统的教育质量、公平和效率的全球基准。

（三）IEA的TIMSS、PIRLS、ICCS测评

国际教育成就评价协会（International Education Assessment Association，简称IEA）起源于1958年一批国际教育学、心理学和社会学专家在联合国教科文组织教育研究所（德国汉堡）召开的“学校问题和学生评价”研讨会，于1967年正式成为一个合法实体。现已经发展成为一个独立的、专业的、国际性的教育研究机构，秘书处设在瑞典的斯德哥尔摩大学，数据处理与研究中心设在德国汉堡，具体的研究项目则由分设在世界各地的研究中心负责执行，通常情况下，一个研究中心在一段时间内负责一个研究项目。目前，国际教育成就评价协会已经拥有68个会

员，并与联合国系统的一些分支机构、世界银行、欧盟等国际性或区域性组织，福特基金会等非政府组织以及部分会员国的教育研究机构建立了广泛的合作关系。

国际教育成就评价协会的主要职能是组织跨国或跨区域教育研究项目，利用现代化的调查技术开展各类国际性的比较测评，为各国的教育改革和教育政策的制定提供科学的数据参考。在过去的50多年中，国际教育成就评价协会已经开展了30多项大型的国际教育成就测评项目，涉及阅读、数学、科学、公民素养、计算机与信息素养、教师素养和早期儿童教育等众多领域。其中参与国家较多、影响较为广泛的研究项目有：国际数学与科学动态研究（Trends in International Mathematics and Science Study，简称TIMSS）、国际阅读素养进展研究（Progress in International Reading Literacy Study，简称PIRLS）、国际公民教育研究（International Civic and Citizenship Education Study，简称ICCS）等。

1. 国际数学与科学教育成就动态研究（TIMSS）

国际数学与科学教育成就动态研究（TIMSS）起源于协会成立早期开展的“12国试点研究”（英格兰、苏格兰、联邦德国、芬兰、比利时、法国、以色列、波兰、瑞士、美国、瑞典和原南斯拉夫等12个国家的13岁学生的数学、阅读、地理、科学和非言语能力比较测试）。1964年，在12国试点研究的鼓舞下，国际教育成就评价协会组织了第一轮国际数学教育成就研究（First International Mathematics Study，简称FIMS），共有12个国家的13岁学生和大学预科生参加。1970—1971年，开展了第一轮国际科学教育成就研究（First International Science Study，简称FISS），19个国家或地区的10岁和14岁学生参与了测评，包括物理、化学和生物三科。1980—1982年，第二轮国际数学教育成就研究（Second International Mathematics Study，简称SIMS）启动，19个国家或地区参与，此次测评从课程、课堂实践和学生成绩三个维度考察学生的数学成绩。1983—1984年，第二轮国际科学教育成就研究启动，共有23个国家参与其中。

1995年，国际教育成就评价协会做了一次大胆的改革，将国际数学成就和科学成就的测评合并到了一起，同年开展了第三轮国际数学与科学教育成就研究（Third International Mathematics and Science Study，简称TIMSS），并将此项测评作为一项固定的周期性研究，每4年举行一次，同时更名为国际数学与科学教育成就动态研究（Trends in International Mathematics and Science Study，也简称TIMSS）。该测试主要针对四年级和八年级的学生（即9岁和13岁学生），以4年为周期间隔，追踪同级学生的数学和科学成就动态；测试的维度包括三个层面：预期的课程（intended curriculum）、实施的课程（implemented curriculum）和完成的课程（attained curriculum）。

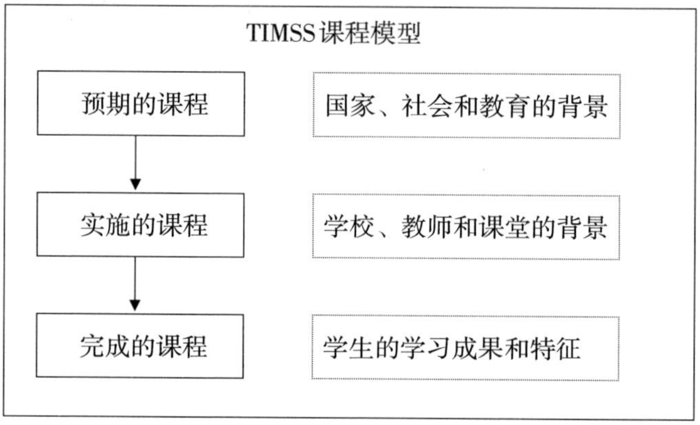

表17　TIMSS（1995—2015）

年份	**国家和地区数量**
1995年	47个
1999年	39个
2003年	51个
2007年	52个
2015年	64个

从1995年至今，国际数学与科学教育成就动态研究已经开展了5轮，2015年的测评框架出台后，参与的国家和地区的数量也在不断增

加，其国际影响力也逐渐扩大，它的测评成果已经成为各国教育改革和教育政策制定不可不参照的依据。

2. 国际阅读素养进展研究

国际阅读素养进展研究是国际教育成就评价协会举办的另一项国际比较测评项目，主要针对小学四年级学生（如四年级学生不满9.5岁时，评估五年级或六年级）的阅读素养进行测试，目的是测量学生阅读素养，调查阅读能力发展的各种影响因素，以评估结果改进阅读教学。

国际阅读素养进展研究通过测试题目和调查问卷来测试学生的综合阅读素养和能力。测试题目共包括10篇阅读材料和配套问题，测试时间为80分钟。问卷需要花费15至30分钟的时间：学生问卷收集有关学生的阅读活动与校内外阅读资源的信息；家庭问卷收集有关学生在家阅读的活动与资源、家长对阅读教育的态度和家校关系的信息；教师问卷收集有关教师对课堂阅读教学的态度、教师背景和教师培训的信息；学校问卷收集有关学校内阅读课程和政策、学校概况和资源的信息；课程问卷收集有关各国和各地区规定的阅读课程的基本信息。①

早在1970年，国际教育成就评价协会就开始了关于中小学生阅读成绩的评价研究——六学科调查之阅读理解研究（Six Subject Survey: Reading Comprehension），共有15个国家和地区的10岁、14岁学生及高中最后一个年级的学生参与了这项研究。② 1990—1991年，国际教育成就评价协会举办了一次阅读素养研究，共有32个国家或地区的9岁和14岁学生参与了该测试。此次研究揭示了学生的家庭语言、性别、教师性别、校内外获取图书的难易程度、国家经济发展水平、人口健康水平和成人识字率等对学生阅读成绩的影响程度，并“在理念和方法上为21世纪开始的国际阅读素养进展研究项目研究奠定了基础，也为学生阅读素养水平研究设定了历史比较的原点”。③

2001年，国际教育成就评价协会举办了第一届国际阅读素养进展研究，并将该项目设为一个固定的周期性研究，每5年一轮，以此在未来

① 翁绮睿. 家庭因素影响小学生阅读素养的跨文化比较研究[D]. 北京:北京师范大学，2013:3-4.

② 翁绮睿. 家庭因素影响小学生阅读素养的跨文化比较研究[D]. 北京:北京师范大学，2013:3-4.

③ IEA. Reading Literacy Study [EB/OL].[2012-01-02]. http://www.iea.nl/reading_literacy_study. html.

持续追踪各国学生阅读素养水平的动态变化趋势。2001年的测试共有35个国家（或地区）参与；随着这项研究的推广，这个数字到2006年第二轮测评时增加到了45个；2011年，共有55个国家（地区）参与了这项评价研究。

3. 国际公民教育研究（ICCS）

国际公民教育研究（ICCS）是国际教育评价协会针对学校公民教育的成就而开展的一项国际比较测评，其目的是大范围地调查各国（地区）的青少年现有的能力能否满足未来的角色需要以及如何为青少年未来承担公民角色做好准备。

1970 —1971年，国际教育成就评价协会举办了一次关于公民教育的六主题调查（Six Subject Survey: Civic Education），借助知识测验题和调查问卷（学生问卷、教师问卷和校长问卷），测试了学生学习公民课后在行为方面所发生的变化以及影响学生公民教育学习成就的因素。共有11个国家（地区）参与了这项研究，其中英国和伊朗只参加了初期阶段的研究，另外9个国家完成了全部研究工作。

1996—2000年，国际教育成就评价协会组织了两期公民教育研究（Civic Education Study，简称CIVED）。在第一期研究中，不同国家（地区）的教育研究者分别开展了关于公民教育的质性个案研究，并对公民教育的背景和意义进行了调查。在此基础上，研究者们开发了用于第二期研究的定量测试工具，内容包括：民主与公民权、国家（民族）认同、社会凝聚力与多样性。这两期研究揭示了14岁学生的公民知识、公民态度和公民参与程度方面的信息，并分析了影响公民教育的校内外因素。共有28个国家（地区）参与了这项公民教育研究，其中加拿大和荷兰只参加了第一期，智利、丹麦、爱沙尼亚、拉脱维亚、挪威、斯洛伐克和瑞典只参加了第二期，以色列只收集了部分数据，完整参加两期研究的只有18个国家。

面临新世纪的挑战和日益加速的全球化进程，国际教育成就评价协会认为应该通过一项新的国际比较研究重新引起人们对公民教育的重视，并于2006年至2011年间组织了“国际公民教育研究”。这项研究从“内容、情感—行为、认知”三个维度来测试学生的公民素养：内容领域包括公民社会和系统、公民准则、公民参与度和公民身份；情感—行为领域包括价值信念、态度、行为倾向和行为表现；认知领域包括认识、推理和分析。[①] 根据前两次的经验，这次研究还是采用测试题和问卷调查相结合的方式：通过测试题测量学生的公民知识和相关的能力；借助学生问卷收集学生在公民行为、倾向和态度方面的数据；通过教师和学校问卷、国家背景调查来获取公民教育的课堂管理、学校管理、社区氛围等背景信息。本次研究共吸引了全球38个国家（地区）八年级学生的参与，其国际影响范围正在逐步扩大。

（四）世界大学排行榜

大学排名最早兴起于20世纪80年代的美国，1983年《美国新闻与世界报道》杂志推出了面向全美本科院校的每两年一次的大学排名；1987年又推广到研究生院校，时间也改为每年一次。大学排名的初衷是为学生和家长选择院校提供一些可比较的参考数据，[②] 后来逐渐发展成为全球高等教育竞争的一个平台，深刻影响着各国高等教育的发展政策，高等院校的决策、战略制定与实施、人事招聘及组织结构、资源分配和资金募集、学生择校以及高校招生等方方面面。[③]

经过三十多年的发展，形形色色的大学排行榜层出不穷，从内容方面可以分为三大类：对大学整体进行排名的综合排行榜、针对特定专业领域的学科排行榜、针对特定活动的特色排行榜。[④]从区域角度可以分为国际和国内两类，目前影响较大的国际大学排行榜有7个，分别是上海交大世界大学学术排名、泰晤士报世界大学排名、英国Quacquarelli Symonds公司世界大学排名、台湾高等教育评估与认证委员会的世界大学科研论文绩效排名、西班牙国家研究委员会下属的网络计量实验室的世界大学排名、高等教育中心的欧洲大学排名、UT Dallas管理学校的世界前100强商学院排名；而具有国内大学排行榜的国家也达到了27个，

---

① Wolfram Schulz, John Ainley, Julian Fraillon. ICCS 2009 Technical Report[R/OL]. P16. http://www.iea.nl/fileadmin/user_upload/Publications/Electronic_versions/ICCS_2009_Technical_Report. pdf.

② 张黎俐，万学红. 世界一流大学排行榜的特征及启示[J]. 教育评论，2006(6):92-94.

③ 张旺. 大学排行榜对高等教育的影响及思考——基于世界主要大学排行榜的分析[J]. 比较教育研究，2012(4):34-39.

④ 叶林. 大学排行榜: 一个世界性的话题[J]. 浙江外国语学院学报，2012(6):76-79.

分别是美国、英国、乌克兰、突尼斯、泰国、瑞士、瑞典、西班牙、斯洛伐克、罗马尼亚、葡萄牙、波兰、巴基斯坦、尼日利亚、新西兰、荷兰、马来西亚、韩国、哈萨克斯坦、印度、德国、中国、智利、加拿大、巴西、澳大利亚和阿根廷。

当今世界最具有国际影响力的世界大学排行榜是：上海交通大学的"世界大学学术排名"（Academic Ranking of World Universities，简称ARWU）、英国《泰晤士报高等教育增刊》和QS公司的"世界大学排名"（World University Rankings）。

1. 世界大学学术排名（上海交大）

"世界大学学术排名"（ARWU）由中国上海交通大学高等教育研究所的世界一流大学研究中心所开发，其初衷是在世界大学体系中认清中国大学的位置，找出中国大学与世界一流大学的差距，为我国"世界一流大学"建设贡献力量。

"世界大学学术排名"的排名指标偏向学术性，具体包括以下指标：获诺贝尔奖和菲尔兹奖的校友折合数（权重10%），获诺贝尔奖和菲尔兹奖的教师折合数（权重20%），各学科领域被引用次数最高的教师人数（权重20%），在《自然》或《科学》杂志上发表的论文折合数（权重20%），被科学引文索引扩展版（Science Citation Index Expanded，简称SCIE）和社会科学引文索引（Social Science Citiation Index，简称SSCI）收录的论文数（权重20%）以及师均学术表现（权重10%）。所有的数据都来自第三方机构，显示了排名方法的客观性和透明性。

上海交通大学从2003年开始通过网站发布第一期"世界大学学术排名"，此后每年发布一期，在国际社会引起了强烈的反响。ARWU自公布以来，被美国、英国、德国、法国、澳大利亚、日本、韩国等国的主流媒体报道或引用，加州大学、剑桥大学、巴黎大学、东京大学、澳大利亚国立大学等一批世界名校在自己的年报或主页上报道每期排名情况。《经济学家》杂志在2005年的一份长篇报告中指出ARWU是"被最为广泛使用的世界大学排名"；美国的《The Chronicle of Higher Education》（《高等教育纪事报》）称赞ARWU是"最有影响力的国际排名"；牛津大学名誉校长彭定康（Chris Paten）在英国议会科学委员会的演讲中说道："ARWU的排名方法看起来相当可靠，是一个公正的比较。"①

① 上海交大网站：http://www.sjtu.edu.cn.

ARWU不仅赢得了国际媒体的广泛认可，还影响了多国高等教育的发展。世界顶尖学术刊物《科学》在2007年刊载的一篇评论文章中指出“在ARWU排名中法国大学表现不佳，由此引发了法国对高等教育进行的全国性辩论：教育部门的领导和高校校长普遍认为法国大学规模不大、资源分散，政府对大学的干预过多，并且缺乏专项科研投入，导致了法国大学的国际竞争力下降。[①] 此外，ARWU还引发了德国等多个国家对本国高等教育体系的反思和资源配置战略的改革。

除了“世界大学学术排名”，上海交通大学高等教育研究院又发布了两份领域和学科排行榜：“世界大学领域排名”，涉及理、工、生、医、社五大领域；“世界大学学科排名”，包括数、物、化、计算机、经济学/商学五大学科。

2. 世界大学排名（THE-QS）

英国泰晤士报《高等教育增刊》于2004年首次发布“世界大学排行榜”，此后每年发布一期。其中，2004年到2009年，泰晤士报是与英国的Quacquarelli Symonds公司合作收集数据，2004年发布了世界前400所大学的排名；2005年之后增加到世界前500所大学的排名以及5个学科的前300所大学排名；2010年，QS终止了与泰晤士报的合作，单独推出了自己的全球大学排行榜。

“THE-QS世界大学排行榜”是根据以下6个指标来进行排名的：（1）同行评价；（2）雇主评价；（3）生师比；（4）论文引用率；（5）国际教师比例；（6）国际学生比例。前两项是主观指标，后四项是客观指标，两者权重各50%，具体如下表。

① 上海交大网站：http://www.sjtu.edu.cn.

表18　THE-QS大学排行指标①

指标	指标描述	权重
同行评价	调查对象包括以前参加过调查的人和两套大型国际数据库的抽样用户，按5个学科领域提名大学，不得提名自己所在学校，每个学科领域分配地区权重，保证世界三个主要地区的代表性，得分按连续三年的调查结果计算，2008年有6354名学学术人员参加了调查	40%
雇主评价	从2005年开始使用此指标，按学科领域对国内和国外的大学分别提名。得分同样按连续三年调查结果计算，计算时考虑地域权重，保证各地区代表性。2008年有2339名雇主参加调查	10%
生师比	生师比用于许多系统排名和评价，尽管它不是教学质量的一个完美测量，但它是教学承诺在全球范围内可利用的和易于理解的测量。它是一所大学有足够教师教授其学生的指示	20%
论文被引用次数	论文引用率是普遍使用的研究实力的常规测量。论文被引用是指一篇学术出版物在他人论文中的参考，一篇出版物被引用得越多，质量就被认为越好；一所大学发表的论文被引用的频率越高，研究实力被认为就越强。作为一个测量指标，这可能更有利于科学和技术学科，所以分配的权重不是很大。本案中使用的Springer Link数据库是全球最大的在线科学、技术和医学领域学术资源平台。考虑到院校的规模不同，论文被引用总次数除以教师人数	20%

① 方勇，李建忠．THE-QS世界大学排行榜评析[J]．大学·研究与评价，2009(6):76-81.

（续表）

国际教师比例	国际教师所占比例。有国际声望的大学会吸引更多的外国教师来任教	5%
国际学生比例	国际学生所占比例。有国际声望的大学会吸引更多的外国学生来求学	5%

2010年起，泰晤士报开始与汤森路透集团（Thomson Reuters）合作，推出新的世界大学排名，现行的世界大学排名指标主要包括教学（Teaching 30%）、研究（Research 30%）、论文引用（Citation 32.5%）、企业经费（Industry Income 2.5%）和国际化程度（International mix 5%）5个大项和13个具体指标。[①]此外，泰晤士报还开发了“世界大学名誉排行榜”（2011年首发）、“不满50年历史的世界100所大学排行榜”（2012年首发）、“亚洲100强大学排行榜”（2012年首发）以及“中国、印度、巴西、俄罗斯、南非金砖五国的工程经济学排行榜”（2014首发）。

而QS则沿用原来THE-QS世界大学排名的方法单独推出全球大学排名，包括6项评比指标：学者调查（40%）、企业雇主调查（10%）、外籍教授比例（5%）、留学生比例（5%）、师生比（20%）和师均论文引用率（20%）。此外，QS也开发了自己的“世界大学领域排行榜”“世界大学学科排行榜”“亚洲300强大学排行榜”“拉美250强大学排行榜”“金砖五国100强大学排行榜”“最佳学习城市排行榜”以及“不满50年历史的50强大学排行榜”。[②]

泰晤士报和QS公司无论是合作还是独立，依然不失其在世界上的广泛影响力，它们开发的世界大学排行榜仍旧是各国高等院校不得不参照和比较的重要依据。

① http://www. timeshighereducation. co. uk/world- university- rankings/2013- 14/world-ranking/methodology.

② http://www. topuniversities. com/university - rankings/world - university - rankings%20target=(QS公司).

四、全球突显的教育实践模式

随着全球融合与沟通的不断加深，特别是现代世界社会的兴起，使得一个国家的教育系统、政策或实践模式更加容易获得他国的甚至是全世界的关注，并被奉为最佳模式加以模仿。再加上国际组织凭借自身广泛的国际影响力在全球对一些教育实践模式和议程的倡导和推广，各类教育专家以“社会他人”的身份，通过专业的教育咨询服务为教育政策制定和教育实践开展做指导，进一步推广了这些全球性的最佳实践模式。

（一）世界一流大学模式

欧洲高等教育的改革，美国大学模式的引领，世界高等教育规模的全球性扩张，加上世界大学排行榜的发展，使得“世界一流大学”模式在全球层面得以制度化。

欧洲从二战后就开启了高等教育改革的浪潮。19世纪60年代的改革呼吁更大的招生规模和更民主的治理；到了19世纪90年代，欧洲的高等教育意识到提升国际竞争力的必要性，其中《博洛尼亚宣言》就是此次改革的一项重要成果。

与欧洲的高等教育系统更多受制于本地环境和利益团体相比，美国的高等教育系统更倾向于向社会竞争资源和地位、更加市场化，这种取向通常也被称为“学术资本主义”。[①] 欧洲的高等教育在改革过程中与美国的高等教育变得越来越相似。

世界各国的高等教育在经历了精英化阶段之后，都逐渐朝着大众化的方向发展，有些国家和城市的高等教育甚至已经进入了普及化阶段。在高等教育从精英化向大众化和普及化发展的过程中也出现了一些问题，比如教育资源的稀释导致人才培养质量的下降、学校规模的扩大带来的管理问题等，这都促使各个大学开始反思如何在规模扩大的同时而又保住精英化阶段高等教育的质量，如何建设具有世界一流水准的大学。

“世界一流大学”提法的出现与世界大学排行榜的发展也密切相

---

① Francisco O. Ramirez，Dijana Tiplic. In pursuit of excellence? Discursive patterns in European higher education research[J]. The International Journal Journal Higher Education Research. 2013(16):5-18.

关。早在20世纪80年代，我们就曾见过《亚洲华尔街日报》以及美国学者Jack Gourman等人分别制作的世界一流大学排名。[①] 而今，具有较大影响力的全球大学综合排行榜就已经有7个，并且，随着对“世界一流大学模式”探析地不断深入，又出现了诸多具体领域和学科的大学排行榜。一直在各大全球性的综合、学科或领域排行榜中位居前列的大学便被奉为世界一流大学，其中美国、英国、澳大利亚、德国、加拿大、法国、日本的大学常常位居前列，如下图。

表19　入选10个全球性大学排行榜前100名大学的国别分布[②]

国家	美国	英国	澳大利亚	德国	加拿大	荷兰	法国	日本	中国	瑞士	瑞典	比利时	奥地利
大学个数	86	19	15	11	8	8	8	7	7	6	6	4	3
比例(%)	41	9	7	5	3.8	3.8	3.8	3.3	3.3	2.8	2.8	1.9	1.4
入选大学平均频次	5.6	5.8	3.4	4.1	5.5	4.3	3.8	6.1	2.9	5	3.3	2.3	4.3

① 张晓鹏．大学排名与世界一流大学建设——第一届“世界一流大学”国际研讨会述评[J]．复旦教育论坛，2005(4)：5-10.

② 孙海涛，高炜红，吴剑平．全球性大学排行榜中的世界一流大学[J]．清华大学教育研究，2007，28(2)：16-23.

（续表）

国家	以色列	丹麦	挪威	意大利	新加坡	印度	新西兰	芬兰	俄罗斯	韩国	爱尔兰	墨西哥	马来西亚	巴西
大学个数	2	2	2	2	2	2	2	1	1	1	1	1	1	1
比例(%)	0.9	0.9	0.9	0.9	0.9	0.9	0.9	0.5	0.5	0.5	0.5	0.5	0.5	0.5
入选大学平均频次	5	4	3	3.5	4	2.5	1.5	7	6	3	2	2	1	1

这些国家中一直在10个全球性大学排行榜中位居前100强的大学中，美国的大学占23所，英国4所，加拿大3所，日本1所。因此，以哈佛、斯坦福、耶鲁、普林斯顿、麻省理工、加州理工、哥伦比亚、康奈尔等为代表的美国大学模式以及以牛津和剑桥为代表的英国大学模式，加拿大的多伦多、麦吉尔大学，日本的东京大学等就变成了世界一流大学的典型模式，成为全世界效仿的对象。

表20　在10个全球性大学排行榜中皆列前100强的大学①

国家	大学
美国(23所)	哈佛大学、斯坦福大学、加州大学伯克利分校、麻省理工学院、加州理工学院、哥伦比亚大学、普林斯顿大学、芝加哥大学、耶鲁大学、康奈尔大学、加州大学圣戈迭分校、加州大学洛杉矶分校、宾夕法尼亚大学、威斯康星大学、华盛顿大学(西雅图)、约翰霍普金斯大学、密歇根大学、伊利诺大学—香槟分校、纽约大学、杜克大学、西北大学、德州大学奥斯汀分校、波士顿大学

① 孙海涛，高炜红，吴剑平．全球性大学排行榜中的世界一流大学[J]．清华大学教育研究，2007，28(2):16-23.

（续表）

英国(4所)	剑桥大学、牛津大学、英国伦敦大学学院、爱丁堡大学
加拿大(3所)	多伦多大学、英属哥伦比亚大学、麦吉尔大学
日本(1所)	东京大学

专家学者开始以科学的方法探究这些所谓的世界一流大学的形成和特征；各国（地区）政府也开始从政策层面将建设本国的世界一流大学提上议事日程；国际组织也积极在全球层面倡导和推广世界一流大学模式，一时间，“世界一流大学”成了高等教育领域最热门的词汇。

在中国知网数据库中以“世界一流大学”作为主题检索词，搜索到了3321篇有关“世界一流大学”研究的期刊文章。最早的文章出现于1987年，有2篇；2011年，此类研究达到了顶峰，发表了425篇相关的文章，详见下图。在北京师范大学图书馆，以同样的检索词进行检索发现，有关“世界一流大学”的专著、编著和译著共有18本。再以“world-class university”为检索词在相关外文数据库进行检索，发现Eric数据库中此类研究的文章共有209篇；Joster过刊数据库则收录了54篇相关的研究；Springer Link 收录了33篇。以同样的检索词在斯坦福大学图书馆进行检索发现，有关“世界一流大学”的著作达到了194本。由此可以窥见学术界对“世界一流大学模式”的研究热情和兴趣。

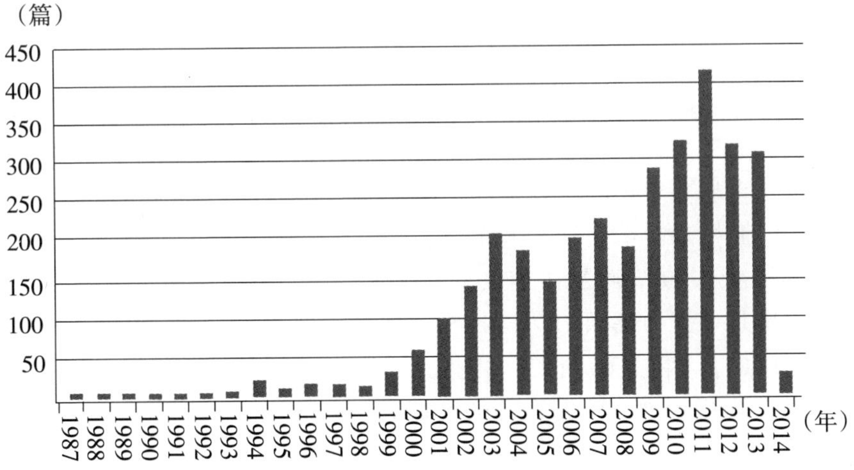

图11　中国知网数据库中有关“世界一流大学”的文章数量

随着全球大学排行榜的不断升温，各国（地区）政府对“世界一流大学”的建设热情也在不断高涨，加拿大、中国、法国、德国、日本、韩国、马来西亚、沙特阿拉伯、新加坡以及中国的台湾省都纷纷出台了自己的“世界一流大学建设”政策。

中国于1996年提出“211工程”，即面向21世纪建设100所重点高校和一批重点学科，力争到世纪末有一批高校和学科能够达到世界一流的水平；1999年，中国设立了“985工程”，提出要建设若干所具有世界先进水平的一流大学，截至2011年，全国已经有39所院校进入该项目。2015年，中国明确提出了“双一流”战略，要求加快世界一流大学和世界一流学科的建设。

加拿大于2009年设立了“加拿大全球杰出研究教席项目”，计划提供1000万加元的资助在国内设立19个杰出特聘教授职位，以此吸引世界最杰出的科学家去加拿大开展具有战略意义的研究。

法国也于2006年提出了“校园计划”和“联合大学”（又名高等教育与研究集群），“校园计划”将投资50亿欧元建设10个具有国际“能见度”的大学教研中心，包括39所大学和37个高等教育研究机构，以打造法国的世界一流大学；“联合大学”计划是要将同一区域的不同综合大学、高等专业学院、科研机构联合起来，相互合作和共享资源，提高法国高等教育与研究体制在世界的“能见度”和吸引力。

德国于2004年提出了自己的“卓越创新计划”，将在5年内（2006—2011）对入选该计划的大学、研究生院和研究项目给予19亿欧元的资助（75%来自联邦政府，25%各州自筹），以提升德国大学在世界的影响力和竞争力。

日本于2002年和2007年分别提出了“日本30强大学”和“全球卓越项目中心”，前者计划在21世纪建设30所世界知名的大学；后者计划建设一批世界高水平的研究基地，并连续5年对每个基地补助1亿到5亿日元，以此推动日本大学的国际竞争力。

韩国从1999年到2010年共设立了3个有关世界一流大学建设的项目，分别是“智力韩国21”（1999）、“世界一流大学”（2008）、“人文韩国”（2008）。“智力韩国21”将投入12亿美元发展世界一流的研究生院、提高研究能力、资助特殊的区域大学并加强大学与产业界的联系、改革大学系统培养创新人才。[1]“世界一流大学”计划将遴选18所大学予以特别资助，将它们打造成世界一流大学。“人文韩国”旨在推进人文科学作为一门学科在大学的地位，共有6所院校加入该计划。

马来西亚于2007年出台了“2020国家高等教育战略计划”，提出了扩大准入和公平、改善教学质量、增强研究和创新、增强高等教育机构的能力、提高国际化水平、实践终身教育、加强高等教育部门的传达系统七大战略。[2]

沙特阿拉伯于2009年投资100亿美元在西海岸的吉达建立了一所占地面积为3600万平方米的阿卜杜拉国王科技大学，旨在将其打造成一所世界一流的科技大学。

新加坡于1997年建立了“卓越研究和科技产业园”，位于新加坡国立大学城，占地67,000平方米，拥有1200名研究者，是一个整合了世界一流大学和企业实验室的跨学科研究中心，如新加坡—麻省理工学院联盟、新加坡SAP研究中心，旨在将该园区打造成世界一流的具有特色的科学产业园。2007年设立的“卓越研究中心”项目决定由教育部和国家研究基金会共同投资7.5亿新加坡元，用10年时间打造出5个世界一流的研究中心。

中国的台湾省也于1998年启动了“奖励大学教学卓越计划”项目，2006年启动了“世界一流大学和卓越研究中心”计划。前者通过提供竞争性经费，鼓励各大学开展教学改进竞赛，提高教学质量。后者计划投资500亿新台币遴选1—2所具有发展潜力的大学，在10年之内建成一所能够跻身国际前100强或50强的大学；另外每年提供3亿到10亿新台币资助10所大学打造世界顶级研究中心。

印度国家发展委员会决定于2007年开始在“十一五”计划期间（2007—2012）提供5倍的高等教育拨款经费打造“14所世界一流大学”，增强印度大学的全球竞争力。

---

① Ministry of Education & Human Resources Development of Republic of Korea. Brain Korea 21， a project for Nurturing Highly Qualified Human Resources for the 21st Century Knowledge-based Society［R］. http://unpan1.un.org/intradoc/groups/public/documents/apcity/unpan015416.pdf

② National Higher Education Action Plan 2007—2010［R］. http://planipolis.iiep.unesco.org/upload/Malaysia/Malaysia% 20Higher% 20education% 20action% 20plan% 20 2007—2010.pdf.

俄罗斯也于2005年启动了“国家优先发展教育工程”，并在其框架下出台了俄罗斯“联邦创新型大学计划”，第一阶段选取17所大学，每所大学两年约3400万美元资助；第二阶段选取40所大学，每所大学两年约6800万美元资助，[①] 以此打造俄罗斯的世界一流大学。

表21　各国（地区）的“世界一流大学”建设工程

国家	项目名称	年份
中国	“211工程”（211 Project） “985工程”（985 Project）	1996 1999
加拿大	“全球杰出研究教席项目”（Canada Global Excellence Chairs）	2009
法国	“校园计划”（Operation Campus） “联合大学”/“高等教育与研究集群”（Pôles de recherche et d´enseignement supérieur, PRES）	2006 2006
德国	“卓越创新计划”（Germany Excellence Initiative）	2004
日本	“日本30强大学”（Japan Top-30 University Program） “21世纪全球卓越中心”（21st Century Centers of Excellence）	2002 2007
韩国	“智力韩国21”（Brain Korea 21 Program） “世界一流大学”（World-class University） “人文韩国”（Humanity Korea）	1999 2008 2008
马来西亚	“2020国家高等教育战略计划”（2020 National Higher Education Strategy Plan）	2007
沙特阿拉伯	“阿卜杜拉国王科技大学”（King Abdullah University of Science and Technology）	2009

① 刘志民，何红中，张振华，等．七个“追赶型”国家建设世界一流大学的重大举措比较[J]．现代大学教育，2012(4):44-49.

（续表）

新加坡	“卓越研究和科技产业园”（Campus for Research Excellence and Technological Enterprise , CREATE） “卓越研究中心”（Research Centers of Excellence）	1997 2007
中国台湾	“奖励大学教学卓越计划”（Program for Promoting Academic Excellence of Universities） “世界一流大学和卓越研究中心计划”（Development Plan for World Class Universities and Research Centers of Excellence）	1998 2006
印度	“14所世界一流大学计划”（14 World-class University）	2007
俄罗斯	“联邦创新型大学计划”（Innovation University of Russian Federation）	2005

此外，国际组织也是“世界一流大学”模式的推广者。从经济合作与发展组织的电子图书馆可以检索出9项与“世界一流大学”有关的出版物；世界银行的电子图书馆有22项相关的研究出版物；联合国教科文组织的网络图书馆收录了56项有关“世界一流大学”的研究出版物，由此可以窥见国际组织对“世界一流大学”模式的宣传和推广。2012年11月5日，联合国教科文组织国际教育规划研究所还专门举办了一次“世界一流大学建设”研讨会，世界银行的前高等教育协调员贾米尔·塞尔米（Jamil Salmi）也出席了会议，还在会上介绍了自己的著作《建设世界一流大学面临的挑战》。①

（二）芬兰与上海的教育模式

经济合作与发展组织于2000年首次推出的“国际学生评估项目”，在比较全球基础教育水平的同时也向全世界推出了一些全球最佳的基础教育实践模式。在历届测试中位居前列的国家，其教育模式必然受到世

① 郭婧．国际教育规划研究所会议聚焦世界一流大学建设[J]．世界教育信息，2013(4):76.

界的关注。

表22 五届PISA测评中位列前十的国家（或地区）（2000—2012）[①]

	PISA 2000	PISA 2003	PISA 2006	PISA 2009	PISA 2012
阅读素养	1. 芬兰 2. 加拿大 3. 新西兰 4. 澳大利亚 5. 爱尔兰 6. 韩国 6. 英国 8. 日本 9. 瑞典 10. 奥地利/比利时/冰岛	1. 芬兰 2. 韩国 3. 加拿大 4. 澳大利亚 4. 列支敦士登 6. 新西兰 7. 爱尔兰 8. 瑞典 9. 荷兰 10. 香港	1. 韩国 2. 芬兰 3. 香港 4. 加拿大 5. 新西兰 6. 爱尔兰 7. 澳大利亚 8. 列支敦士登 9. 波兰 9. 瑞典	1. 上海 2. 韩国 3. 芬兰 4. 香港 5. 新加坡 6. 加拿大 7. 新西兰 8. 日本 9. 澳大利亚 10. 荷兰	1. 上海 2. 香港 3. 新加坡 4. 日本 5. 韩国 6. 芬兰 7. 爱尔兰 8. 台湾 9. 加拿大 10. 波兰
数学素养	1. 日本 2. 韩国 3. 新西兰 4. 芬兰 5. 澳大利亚 5. 加拿大 7. 瑞士 7. 英国 9. 比利时 10. 法国	1. 香港 2. 芬兰 3. 韩国 4. 荷兰 5. 列支敦士登 6. 日本 7. 加拿大 8. 比利时 9. 澳门 9. 瑞士	1. 台湾 2. 芬兰 3. 香港 3. 韩国 5. 荷兰 6. 瑞士 7. 加拿大 8. 澳门 8. 列支敦士登 10. 日本	1. 上海 2. 新加坡 3. 香港 3. 韩国 5. 台湾 6. 芬兰 7. 列支敦士登 8. 瑞士 9. 日本 10. 加拿大	1. 上海 2. 新加坡 3. 香港 4. 台湾 5. 韩国 6. 澳门 7. 日本 8. 列支敦士登 9. 瑞士 10. 荷兰

① PISA ranking 2000，2003，2006，2009，2012.

（续表）

科学素养	1. 韩国 2. 日本 3. 芬兰 4. 英国 5. 加拿大 6. 新西兰 6. 澳大利亚 8. 奥地利 9. 爱尔兰 10. 瑞典	1. 芬兰 1. 日本 3. 香港 4. 韩国 5. 列支敦士登 5. 澳大利亚 5. 澳门 8. 荷兰 9. 捷克 10新西兰	1. 芬兰 2. 香港 3. 加拿大 4. 台湾 5. 爱沙尼亚 5. 日本 7. 新西兰 8. 澳大利亚 9. 荷兰 10. 韩国/列支敦士登	1. 上海 2. 新加坡 3. 香港 4. 韩国 5. 台湾 6. 芬兰 7. 列支敦士登 8. 瑞士 9. 日本 10. 加拿大	1. 上海 2. 香港 3. 新加坡 4. 日本 5. 芬兰 6. 爱沙尼亚 7. 韩国 8. 越南 9. 波兰 10. 列支敦士登

从PISA 2000到PISA 2012，轮流主测了阅读、数学、科学并进行了排名，除了主测科目之外，每一届的评估对其他两科也进行了测试和排名。在5次主测科目中，芬兰获得了两次第一名，1次第二名和第三名；中国上海总共参加了两届，获得了两次第一名；韩国在5次主测科目中分别获得1次第二名、第三名、第五名，第六名，第十名；日本最好的成绩是第五名，还获得了1次第六名和第七名，两次第八名；新加坡最好的成绩是第二名，还获得1次第五名；中国香港分别获得1次第一名、第二名、第三名和第四名；中国澳门最好成绩为第六名；中国台湾最好成绩为第四名，荣获两次；新西兰的最好成绩为第三名，荣获两次第七名；澳大利亚的最好成绩为第四名，分获1次第八名和第九名；加拿大分别荣获1次第二名、第三名、第六名和第七名；荷兰的最好成绩为第四名，获得1次第九名和两次第十名。

表23　五届PISA测评中各国（或地区）主测科目的前十名的排名频次（2000—2012）

	第1	第2	第3	第4	第5	第6	第7	第8	第9	第10
芬兰	2次	1次	1次			1次				
韩国		1次	1次		1次	1次				1次
日本					1次	1次	1次	2次		
新加坡		1次			1次					
上海	2次									
香港	1次	1次	1次	1次						
澳门						1次			1次	
台湾				2次						
新西兰			1次				2次			
澳大利亚				1次				1次	1次	
加拿大		1次	1次			1次	1次			
荷兰				1次					1次	2次
列支敦士登					1次			1次		1次

从所有测试科目的排名来看，芬兰、新加坡、加拿大、新西兰也比较靠前，而东亚的韩国和日本以及中国的上海、香港、台湾也位居前列。因此，无论是每届的主测科目，还是所有三科测试，芬兰和上海都是让全世界瞩目的佼佼者。

表24　五届PISA测评中各国（地区）所有科目测试的排名频次（2000—2012）

	第1	第2	第3	第4	第5	第6	第7	第8	第9	第10
芬兰	4次	3次	2次	1次	1次	3次				
韩国	2次	3次	3次	2次	2次	1次	1次			1次
日本	2次	1次		2次	1次	1次	1次	2次		1次
新加坡		3次	2次		1次					
上海	6次									1次
香港	1次	3次	6次	1次						1次
澳门					1次	1次		1次	1次	
台湾	1次			2次	2次					
新西兰			2次		1次	1次	2次			
澳大利亚				2次	2次	1次	1次	1次	1次	
加拿大		1次	2次	1次	1次	1次	2次		1次	2次
荷兰				1次	1次			1次	2次	2次
列支敦士登				1次	2次		2次	2次		2次

芬兰自2000年首次参加国际学生评估项目以来，屡屡位居前三：2000年的阅读主测中荣获第一，2003年的数学主测中位居第二，2006年的科学主测中又重获第一，2009年阅读主测位居第三，只是2012年的数学主测未进前十。但是，在5届3科总共15项测试中，芬兰拿到了4次第一，3次第二，2次第三的好成绩。这不得不让全世界对芬兰教育刮目相看，更引得了学界和媒体对芬兰教育模式探析和解读的热情，一

时间，芬兰教育成为全世界基础教育最佳实践模式的典型和代表。

以“Finland Compulsory Education”为检索词在Springer Link数据库中进行检索，时段设为2000—2014年，可以获得648篇相关的文章，包括书籍的章节；而以“Finland and PISA”为检索词，可以获得683篇相关的文章（2000—2014）。同样以“Finland Basic Education”为检索词在ERIC数据库检索到了122篇相关的文章；再以“Finland and PISA”为检索词，可以获得57篇相关的文章。而Google Scholar中收录了29,000条有关“Finland and PISA”的研究。

以“芬兰教育”为主题检索词，时间设为2000—2014年，在中国知网数据中能够检索到169条结果，大部分都是关于芬兰教育模式与PISA、芬兰教育的奥秘与启示之类。其中，2012年和2013年最多，分别达到了46篇和30篇。此外，经合组织网站中的PISA栏目下也分享了关于PISA结果的深度研究，其中也有一些关于其他国家能够从芬兰教育模式中学习什么的研究。

除了学界的关注，芬兰教育模式也得到了媒体的广泛报道，在Google新闻中能够检索到2310条有关芬兰教育与PISA的新闻报道；而在百度新闻中也能检索到143条有关“芬兰教育的秘密”、237条有关“芬兰教育模式”的文章。此外，还有很多有关“芬兰教育——全球第一的秘密”方面的著作。

在芬兰教育模式仍旧备受瞩目的同时，上海教育模式也随着2009年和2012年PISA测试成绩的公布逐渐进入全球媒体和学界的视野。2009年，上海市教育局在获得中国教育部的批准之后，首次以上海的名义单独参与了经合组织举办的PISA项目，并在这轮测试的阅读、数学、科学三项测试中全部获得全球第一名的好成绩，引来全球媒体的热议。如果说2009年的结果多少让人觉得有些侥幸或怀疑，那么2012年上海再次在PISA三科测试中荣获全球第一，世界就不得不重新审视上海的教育模式了，“上海教育为什么能够成功?”也获得了全世界的高度关注，并将随着PISA测试的进行而继续获得更高的关注度。

百度新闻中收录了569篇有关上海教育与PISA的报道；Google新闻中也收录了1400多条相关的新闻，但是包括中文的新闻在内。此外，在Google Scholar中有关“Shanghai and PISA”的研究就有11,500条结果；中国知网数据库中也收录了134篇相关的研究。

（三）MBA教育模式

MBA的全称是Master of Business Administration，中文翻译为工商管理硕士，是一种专门培养中高级职业经理人员的专业硕士学位。

MBA模式最早起源于美国：1881年，宾夕法尼亚大学建立了沃顿商学院，旨在培养能在政府和企业担任高级管理人员的学生，成为全世界第一个大学层次上的商学院；1900年，达特茅斯学院建立了世界上第一所研究生层次的商学院；1908年，哈佛大学商学院正式成立并开设了世界上第一个两年制的MBA教育项目；1959年分别由福特基金会和卡内基基金会资助的两个关于美国工商管理的研究报告开启了美国工商管理教育变革的新时代，认为管理教育应该以培养企业所需要的领导人和职业经理人为目标；1961年，美国大学管理学院联合会在学位认证标准中正式确定了MBA学位的名称，标志着MBA作为一个专业得到正式认可，获得了在高等教育中的合法性。①

随着美国MBA学生在工商界获得广泛认可，MBA教育模式迅速发展，并在全世界的被纷纷效仿，成为管理教育的主流模式。

欧洲国家一开始对高度商业化和营利性的美国MBA教育模式持排斥和压制的态度，直到20世纪中期，欧洲的MBA教育才真正开始起步。1946年，国际管理学院（International Management Institute，简称IMI）在瑞士日内瓦成立；该校和1957年成立于瑞士洛桑的国际管理发展学院（International Management Development Institute，简称IMEDE）合并成为目前举世闻名的瑞士国际管理发展学院（International Institute for Management Develipment，简称IMD）的前身。② 1958年，一批教育家和企业家在法国的枫丹白露以美国两年制MBA教育模式为蓝本，企图建立一所私立性质的商学院，进而提供与美国模式不同的欧洲MBA教育模式，最终促使了法国INSEAD商学院的诞生，从此以后，MBA教育在欧洲全面兴起。

加拿大的MBA教育也已经有三十多年的历史，目前共有27所管理

① 陈晓红．MBA教育的起源、本质和发展趋势[J]．现代大学教育，2002(3)：29-30.

② 杨维新．欧洲MBA名校(1)[J]．新东方英语(大学版)，2008.

学院，每所学院都开设有MBA教育，每年培养9000多名学生。[①]澳大利亚也在20世纪60年代引进了美国的MBA教育项目，最先在新南威尔士大学、墨尔本大学和阿德雷德大学开设，现在已经有60多所学校开始了MBA项目。日本于1989年在筑波大学和神户大学两所国立大学设置了相当于研究生水平的夜间MBA教育课程，现在也已经扩展到了其他国立大学和私立大学。

随着MBA教育的发展，国际上还出现了针对全球MBA教育水平的排行榜，说明MBA教育模式已经在全世界得到了广泛的认可和实践。目前比较知名和权威的评价机构有美国的《商业周刊》和《华尔街日报》，英国的《金融时报》和《经济学人》智库。[②]根据《金融时报》2014年对全球前100名MBA教育机构的排名可得，进入前100强的国家有18个，分别是比利时、加拿大、英国、德国、美国、爱尔兰、瑞士、中国、巴西、荷兰、澳大利亚、意大利、印度、南非、葡萄牙、韩国、新加坡、西班牙。

目前，MBA教育主要有三种类型：高阶工商管理硕士（Executive MBA，简称EMBA），针对公司高层管理者；普通工商管理硕士（MBA），针对大学毕业生或现任中层管理人员；特别工商管理硕士（Special MBA，简称SMBA），针对具备两年工作经验以上的管理人员。

---

① 许庆端，陈荣秋，吴发沛．加拿大MBA教育的发展与改革动向[J]．管理工程学报，1993(4):13.

② 李庆豪．国外MBA教育排名简介[J]．学位与研究生教育，2007(10):13-15.

第五章 中国与世界教育蓝图核心要素的融合与分离

随着世界性的反殖民运动和第三世界国家的独立解放运动的不断高涨，中华人民共和国于1949年10月1日诞生了。中华人民共和国成立至今，在外交取向上经历了“从革命的、民族的视角到发展的、全球的视野”[①]的转变：从成立初期的“一边倒”（苏联社会主义阵营）到20世纪60年代的“反美反苏”，再到20世纪70年代的“联美遏苏”；20世纪80年代改革开放以后，才真正开启了“全方位”的外交战略；新千年之后，中国开始以更加积极主动的姿态融入和修正现存的国际关系体系，并以“和谐世界”的理念发出了中国自己的声音。

随着中国外交政策取向的变化，中国的教育发展也经历了一系列的转变：从成立初期学习苏联模式，到“文化大革命”十年的停滞不前甚至是倒退，再到改革开放之后的重新开窗看世界。2010年7月29日，中共中央、国务院颁布了《国家中长期教育改革和发展规划纲要（2010—2020年）》，简称《教育规划纲要》。该纲要在总结中国教育过去几十年的教育发展经验和教训的基础上，提出了中国未来十年的教育整体改革方向，由此可以窥见中国教育与世界教育蓝图的融合与分离之处。

① 章百家．中国外交成长历程中的观念变迁——从革命的、民族的视角到发展的、全球的视野[J]．外交评论：外交学院学报，2009，26(3)：1-4.

一、中国与世界教育的融合之处

（一）世界性教育体制和模式的采用

1. 学制结构的成形

中华人民共和国成立两年之后就颁布了《关于改革学制的决定》：包括幼儿教育（3—7岁）、初等教育（普通小学、工农速成初等学校、业余识字学校）、中等教育（普通中学、工农速成中学、中等专业学校）、高等教育（普通大学、专科学校或学院）、政治教育（各级各类政治学校和训练班）以及针对残疾群体设立的特殊聋哑盲校。经过十年左右的探索和试验，到20世纪50年代末60年代初，新中国基本形成了全日制和业余制两种教育制度、三类主要学校、多种办学形式的学校系统，如下表。[①]

表25　中国20世纪60年代初的学制系统

全日制学校	▶小学6年 ▶初中3年 ▶高中3年 ▶中专学校（2年至4年不等） ▶高等学校（4年至5年）
半工半农学校	▶简易小学（1年至3年不等） ▶农业中学（1年至3年不等） ▶职业技术学校（1年至3年不等）
业余学校	▶业余识字扫盲机构（几周至几年不等） ▶业余初等、中等、高等学校（几周至几年不等）

“文化大革命”期间，中国的学制遭到了一定程度的破坏，学制普遍缩短，而且各省的学制也不统一，有9年制，也有10年制；城市和农村的学制也不统一，这种状况一直持续到“文化大革命”结束。

1978年十一届三中全会召开以后，中国的学制结构也随中国的改革

① 安娜．中国学制百年变迁[J]．教育家，2004(1)：41-42.

开放、经济发展和现代化建设而不断调整，到现在基本形成了一套由学前教育到高等教育、普通教育到职业技术教育等组成的稳定的学制体系，具体如下表。

表26　中国现行的学制系统

学前教育	▶亲子班 ▶幼儿园小中大班
初等教育	▶小学（5年至6年）
中等教育	▶普通初中（3年） ▶普通高中（3年）/职业技术高中（3年）/中等师范学校（3年）/成人中等学校（2年至3年）/农业中学
高等教育	▶全日制高等专科学校（3年）/高等职业技术专科学校（3年） ▶全日制大学、学院、研究机构、进修院校(学士4年/硕士2年至3年/博士3年至5年） ▶成人高等教育

学前教育包括亲子教育，托儿班，幼儿园小班、中班、大班三个阶段，公私立兼有。初等教育基本就是九年义务教育的小学阶段，属于全日制普通教育。中等教育包括初级中等教育和高级中等教育两个阶段，前者属于义务教育的后半段；后者包括普通高中、职业技术高中、中等师范学校、成人中等学校、农业中学等，修业年限2年至3年不等，主要接纳义务教育初中毕业的学生。高等教育包括专科教育、全日制大学教育和成人教育，其中专科教育包括全日制高等专科学校和高等职业技术专科学校，修业年限一般为3年；大学教育包括学士（4年）、硕士（2年至3年）和博士（3年至5年）三级教育，还有博士后流动站（1年至2年），能够开展这类教育的机构有全日制普通大学、学院、研究机构和进修院校；成人高等教育的形式也灵活多样，有全日制、半日制，也有函授、面授，主要由一些广播电视大学和全日制高等院校承担。

相比而言，中国现行的学制系统与世界通行的学制结构已经没有多大差异，基本形成了由学前教育、九年义务教育、普通中等和高等教育、职业中等和高等教育组成的完整的教育体系。教育规划纲要对于中国未来十年的学前教育、义务教育、高中阶段教育、职业教育、高等教育、继续教育、民族教育和特殊教育的发展方向和目标都做了战略部署，中国已经开始逐渐向全民的终身教育体制迈进。

2. 教育部的设立和义务教育法的颁布

1949年中华人民共和国成立伊始就设立了政务院文化教育委员会和教育部；1952年又增设了高等教育部（1958年并入教育部）、扫除文盲工作委员会（1954年并入教育部）和体育运动委员会；1970年教育部被撤销，由国务院科教组取代；1975年教育部得到恢复；十年之后的1985年又再次被撤销，由国家教育委员会取代；直到1998年，九届全国人大第一次会议通过《关于国务院机构改革的决定》，国家教育委员会才正式更名为教育部，并一直沿用至今。

教育部在经历了“设立、撤销、合并、恢复”的命运之后，最终成为国务院的一个永久性机构，也是主管中国教育事业的最高机构。教育部目前共设有26个司局、下辖33个直属事业单位，直接主管75所高等院校，如下表。此外，在各省、直辖市和自治区设有教育厅、市县设有教育局，形成了三级教育管理体制。

表27　中国教育部机构设置

26个司局	办公厅、政策法规司、发展规划司、综合改革司、人事司、财务司、教材局、基础教育司、职业教育与成人教育司、高等教育司、教育督导局、民族教育司、教师工作司、体育卫生与艺术教育司、思想政治工作司、社会科学司、科学技术司、高校学生司、学位管理与研究生教育司（国务院学位委员会办公室）、语言文字应用管理司、语言文字信息管理司、国际合作与交流司（港澳台办公室）、巡视工作办公室、直属机关党委、离退休干部局、中国联合国教科文组织全国委员会秘书处

（续表）

33个直属事业单位	教育部机关服务中心、国家教育行政学院、中国教育科学研究院、教育部教育发展研究中心、教育部高等学校社会科学发展研究中心、教育部职业技术教育中心研究所、国家汉办（孔子学院总部）、教育部科技发展中心、语言文字应用研究所、国家开放大学、中央电化教育馆、中国教育电视台、教育装备研究与发展中心、教育部教育管理信息中心、教育部基础教育课程教材发展中心、国家留学基金管理委员会秘书处、教育部经费监管事务中心、教育部民族教育发展中心、中国教育报刊社、教育部考试中心、教育部留学服务中心、全国学生资助中心、全国高等学校学生信息咨询与就业指导中心、教育部学位与研究生教育发展中心、教育部高等教育教学评估中心、教育部学校规划建设发展中心、中国教育出版传媒集团（人民教育出版社、高等教育出版社、语文出版社）、中国教育国际交流协会秘书处、教育部学生体育协会联合秘书处、中国教育学会秘书处、中国高等教育学会秘书处、中国教师发展基金会秘书处、中国教育发展基金会秘书处

（续表）

75所直属高等院校	北京大学、清华大学、中国人民大学、北京师范大学、中国农业大学、北京外国语大学、北京语言大学、北京科技大学、北京化工大学、北京交通大学、北京邮电大学、中国地质大学（北京）、中国矿业大学（北京）、中国石油大学（北京）、北京林业大学、中国传媒大学、中央财经大学、中国政法大学、中央音乐学院、中央戏剧学院、中央美术学院、北京中医药大学、对外经济贸易大学、华北电力大学、南开大学、天津大学、大连理工大学、东北大学、吉林大学、东北师范大学、东北林业大学、复旦大学、上海交通大学、同济大学、华东理工大学、东华大学、华东师范大学、上海外国语大学、上海财经大学、南京大学、东南大学、中国矿业大学、河海大学、江南大学、南京农业大学、中国药科大学、浙江大学、合肥工业大学、厦门大学、山东大学、中国海洋大学、中国石油大学（华东）、武汉大学、华中科技大学、中国地质大学（武汉）、武汉理工大学、华中师范大学、华中农业大学、中南财经政法大学、中南大学、湖南大学、中山大学、华南理工大学、重庆大学、西南大学、四川大学、西南财经大学、西南交通大学、电子科技大学、西安交通大学、西北农林科技大学、陕西师范大学、西安电子科技大学、长安大学、兰州大学

与世界其他国家相比，中国的义务教育法诞生相对较晚，且在规定上与世界趋势存在一定的差异。1986年4月12日，在中华人民共和国成立37年之后，才在第六届全国人民代表大会第四次会议上通过了《中华人民共和国义务教育法》，并于同年7月1日起正式生效。1986年通过的这部义务教育法虽然规定了免费实施义务教育，但由于受到经济发展水平的限制，在经费保障方面并没有到位，真正免费的义务教育并未落

实；各级政府可以根据本地经济发展状况分阶段、分步骤推行义务教育，完整的九年义务教育也没有得到保障。

表28　中国义务教育法1986年版主要条款的部分内容

第二条	▶“国家实行九年义务教育。省、自治区、直辖市根据本地区的经济、文化发展状况，确定推行义务教育的步骤”
第七条	▶“义务教育可以分为初等教育和初级中等教育两个阶段。在普及初等教育的基础上普及初级中等教育”
第九条	▶“地方各级人民政府为盲、聋哑和弱智的儿童、少年举办特殊教育学校（班）”
第十条	▶“国家对接受义务教育的学生免收学费。国家设立助学金帮助贫困学生就学”
第十二条	▶“实施义务教育所需事业费和基本建设投资，由国务院和地方各级人民政府负责筹措，予以保证。国家用于义务教育的财政拨款的增长比例，应当高于财政经常性收入的增长比例，并使按在校学生人数平均的教育费用逐步增长。地方各级人民政府按照国务院的规定，在城乡征收教育事业附加费，主要用于实施义务教育。国家对经济困难地区实施义务教育的经费，予以补助。国家鼓励各种社会力量以及个人自愿捐资助学”

2006年6月29日，第十届全国人民代表大会常务委员会第二十二次会议又从学生、学校、教师、教育教学、经费保障和法律责任六个层面对1986年版的义务教育法进行了全面修订，从原来的18条增加到了63条。2006年义务教育法最重要的变化体现在：对“免费”原则的落实，义务教育经费保障机制的建立；法律责任的细化和问责机制的建立；义务教育阶段教师数量的保障和学校标准的设定；平等接纳异地户口学龄

儿童入学的要求。2014年3月刚刚召开的十八届三中全会通过了《中共中央关于全面深化改革若干重大问题的决定》，对深化教育领域的综合改革做了战略部署，其中第四十二条指出："统筹城乡义务教育资源均衡配置，实行公办学校标准化建设和校长教师交流轮岗，不设重点学校重点班，破解择校难题"，把义务教育提高到了"同时保障公平与质量"的高度加以重视。

表29　中国义务教育法2006年修订版主要条款的部分内容

第二条	▶"国家实行九年义务教育制度。实施义务教育，不收学费、杂费；国家建立义务教育经费保障机制，保证义务教育制度实施"
第八条	▶"人民政府教育督导机构对义务教育工作执行法律法规情况、教育教学质量以及义务教育均衡发展状况等进行督导，督导报告向社会公布"
第十二条	▶"父母或者其他法定监护人在非户籍所在地工作或者居住的适龄儿童、少年，在其父母或者其他法定监护人工作或者居住地接受义务教育的，当地人民政府应当为其提供平等接受义务教育的条件。具体办法由省、自治区、直辖市规定"
第三十条	▶"国家建立统一的义务教育教师职务制度"
第四十二条	▶"国家将义务教育全面纳入财政保障范围，义务教育经费由国务院和地方各级人民政府依照本法规定予以保障"

到20世纪下半叶，随着民族国家模式在全球层面的制度化，保障大众教育的义务教育法也成为民族国家的一个重要标志而在全球层面制度化，得到全球的广泛认可和采纳。中国在经济水平尚不能保障免费义务教育的80年代中期就出台了义务教育法，至少表明中国在政策层面和世界教育蓝图的核心要素保持了一致，只是政策与实践之间存在一定程度的松散耦合。

3. 中国MBA教育模式的发展

起源于美国的MBA教育模式迅速得到了全球其他国家的认可和效仿，包括中国。1990年，中国国务院学位办正式批准设立了MBA学位，并开始试办MBA教育，首批批准了9所高校开展试点，并于1991年正式招生。2000年试点院校扩大到了62所，招生规模也由1991年的百余人扩大到了2001年的12,000多人。2001年，经过两年时间的全国范围内MBA教学评估，我国的MBA教育结束了试点，进入正式办学阶段。[①] 经过20多年的发展，MBA教育模式已经成为中国商学院的一种主流模式。

表30　1990—2012年中国MBA教育的发展历程

1990年	▶国务院学位办正式批准设立MBA学位并开展MBA教育试点
1991年	▶首批9所试点院校正式招生，各院校自主命题
1994年	▶批准第二批17所试点院校，总数增加到26所
1997年	▶批准第三批28所试点院校，总数增加到54所，并开始“全国MBA联考”
2000年	▶批准第四批10所试点院校，总数增加到63所，(因院校合并减少1所)，此次主要集中在中西部省份
2001年	▶国务院学位办对前三批54所试点院校进行了MBA教学评估，并于同年11月宣布MBA教育试点结束
2002年	▶国务院学位委员会和教育部批准在30所学校开展EMBA教育试点工作，同年，MBA报名人数超过5万人，录取7535人，成为竞争最激烈的一年

① 陈晓红．MBA教育的起源、本质和发展趋势[J]．现代大学教育，2002(3)：29-30.

（续表）

2003年	▶批准第五批25所院校，总数达到88所
2004年	▶批准第六批7所院校，总数增加到95所，联考科目减少到2科：英语和综合能力
2007年	▶批准第七批31所院校，总数增加到126所；同年成立了中国管理案例共享中心
2008年	▶中国西部MBA师资开发及办学能力建设计划启动
2009年	▶批准第八批55所院校，总数达到181所；同时，新增第二批EMBA培养院校，总数达62所；MBA的联考模式开始向其他专业学位推广
2010年	▶批准第九批52所院校，总数达233所；18所EMBA院校被选为教育部专业学位教育综合改革试点院校
2011年	▶中国MBA师资开发及办学能力建设第二期项目启动
2012年	▶中国MBA师资开发及办学能力建设第三期项目启动

（二）普世性教育理念的接纳

1. 全民教育在中国

“全民教育”理念的提出是对《世界人权宣言》及其相关国际人权公约倡导的“教育的权利”和“发展的权利”的响应，而《全民教育宣言》及《达喀尔行动纲领》则是全世界对“教育作为一项基本人权”的践行。

从历史上来看，中国对国际人权行动一直持积极响应和支持的态度。1946年，当时的中华民国就曾派张彭春教授赴伦敦，担任联合国创办会议的中国代表，会后他被任命为联合国经济、社会和文化理事会的中国首席代表，兼联合国人权委员会副主席，直接参与了《世界人权宣言》的起草。中华人民共和国成立后，逐步接纳了国际社会有关“教育作为一项基本人权”的理念，并积极加入了相关的国际公约。到目前为止，主要的几份保障教育权利的国际公约中国都已经签署了。

表31　中国所签署的有关教育权利的国际人权条约

▶《世界人权宣言》，1998年签署，尚未生效
▶《经济、社会及文化权利国际公约》，1997年签署，2001年批准
▶《儿童权利公约》，1990年签署，1992年生效
▶《消除对妇女一切形式歧视公约》，1980年加入，1980年生效
▶《残疾人权利公约》，2007年签署，2008年生效
▶《公民权利与政治权利国际公约》，1998年签署，尚未生效

自国际社会提出“全民教育”的理念之后，中国政府不仅积极接纳了这一新的教育理念，还将其作为推动本国教育改革与发展的重要指导思想之一，主动参与世界全民教育实践。

在中国知网数据库中，以“全民教育”作为主题词对1990年至今的文献进行检索，共有3000多篇相关的文章，其中以“全民教育”作为篇名的就有328篇，包括全民教育思潮、全民教育会议文件、全民教育进展的介绍以及中国如何更好地落实全民教育的对策研究等方面。北京师范大学图书馆也收录了18本有关“全民教育”的各类著作。而百度新闻中有关“全民教育”的报道也多达1070条，可见中国学界和媒体对“全民教育”的关注度。

中国政府更是积极从政策和实践两个方向全面推进全民教育在中国的落实。第一次世界全民教育大会1990年3月在泰国宗滴恩召开之时，时任中国国务委员兼国家教育委员会主任、党组书记的李铁映就率团参加了会议，并代表中国向大会郑重承诺：到2000年中国将努力实现基本普及九年义务教育、基本扫除青壮年文盲的“两基”目标。2000年达喀尔会议以来，中国政府始终把全民教育摆在优先发展的战略地位。为了更好地落实《达喀尔行动纲领》所确定的各项目标，中国政府对21世纪初的教育发展方向进行了全面部署，从加快农村教育发展、推进成人扫盲工作和消除性别差异三个方面切实推进了中国全民教育的发展。

中国还积极参与联合国教科文组织全民教育监测项目的工作，在每年的《全民教育全球监测报告》发布之后，中国联合国教科文组织全国委员会和联合国教科文组织驻华代表处都会联合主办“中国全民教育国家论坛”，及时总结经验和教训，制定未来发展规划。除此之外，中国还与联合国教科文组织联合主办过“全民教育高层会议”“九个人口大国全民教育部长级会议”等。

表32　2001—2013年中国所主办的有关“全民教育”的会议和论坛

2001年	▶九个人口大国全民教育部长级会议在北京举行，并发表了《北京宣言》，提出了进一步推进全民教育的16项策略和措施
2003年	▶“全民教育高层会议”在北京举行，就《中国全民教育行动计划》向有关方面征求意见，关注的重点领域包括：使所有儿童都能入学，并能完成高质量的初等和初中阶段义务教育；明显降低小学和初中入学率的性别差异，实现教育平等；重点发展农村教育、西部贫困地区教育和少数民族教育；进一步扫除成人文盲（尤其是妇女）和满足青年和成人的基本学习需要
2005年	▶第五届“全民教育高层会议”在北京举行，主题是：“扫盲与农村教育”，会议发表了《北京公报》和“联合行动计划”，成为推动全民教育发展历史上的一个新的里程碑
2009年	▶第四届“中国全民教育国家论坛”暨“2009年全民教育全球监测报告发布会”在北京举行，来自联合国教科文组织和UNICEF北京办事处、教育部、国家民委、国家统计局、全国妇联、全国青联等国家全民教育论坛成员单位和相关省市、教育研究院所、媒体与国际驻华机构、使馆的代表、专家，就“中国推进全民教育的现状与成果、基础教育质量监测实践、教师教育改革与发展”等议题进行了研讨

（续表）

2010年	▶第五届"中国全民教育国家论坛"暨"2010年全民教育全球监测报告发布会"在北京举行，来自教育部、国家发改委、国家民委、国家统计局、全国妇联、全国青联等国家全民教育论坛成员单位和相关省市、高校和国际驻华机构、使馆等代表从"入学、教育质量、参与度、可信度和公平等"方面为《教育规划纲要》提出了建议
2011年	▶第六届"中国全民教育国家论坛"暨"2011年全民教育全球监测报告发布会"在北京举行，来自教育部等相关部委、部分省市教育厅、教育科研院所、国际组织以及媒体的代表就"中国全民教育取得的进展、提高教育质量、促进教育公平、灾害预防和灾后教育重建"等议题进行了研讨
2012年	▶第七届"中国全民教育国家论坛"暨"2012年全民教育全球监测报告发布会"在北京举行，来自教育部等8个部门和云南、江苏、河南等10个省份的教育厅局、学术团体、企事业单位及社会团体等的100余名代表就"全民教育中的公平与质量问题"进行了研讨
2013年	▶第八届"中国全民教育国家论坛"暨"2013年全民教育全球监测报告发布会"在北京举行，来自印度、巴基斯坦等22个国家（地区）、国内各单位的代表就"中国如何迈入全民学习新时代"进行了研讨

2010年出台的《教育规划纲要》中也在战略目标中提出："实现更高水平的普及教育""形成惠及全民的公平教育""提供更加丰富的优质教育"，这都是对更高水平的"全民教育"的承诺。

2. 全纳教育在中国

"全纳教育"理念是对特殊教育的扩展，也是对联合国《残疾人权利公约》要求保障各类残疾人受教育的基本权利的回应。中国的特殊教育经历了“以家庭为主的教育”到“以特殊学校为主的教育”，再到“以随班就读为主的全纳教育”的历史发展过程。

全纳教育自1994年西班牙萨拉曼卡会议提出以来，得到了中国学界、媒体和政府的积极响应。以“全纳教育”为主题词，在中国知网数据库中进行检索，从1994年至今有1335篇相关的研究，其中以“全纳教育”为篇名的研究就有625篇，内容涉及全纳教育的理念、价值取向，其他国家的全纳教育政策，中国各级各类学校开展全纳教育的途径等，如下图。北京师范大学图书馆收录了10本有关“全纳教育”的著作。百度新闻中以“全纳教育”为标题的新闻也有137篇。这些数据反映了“全纳教育”理念已经得到了中国学界和媒体界的广泛认可和接纳。

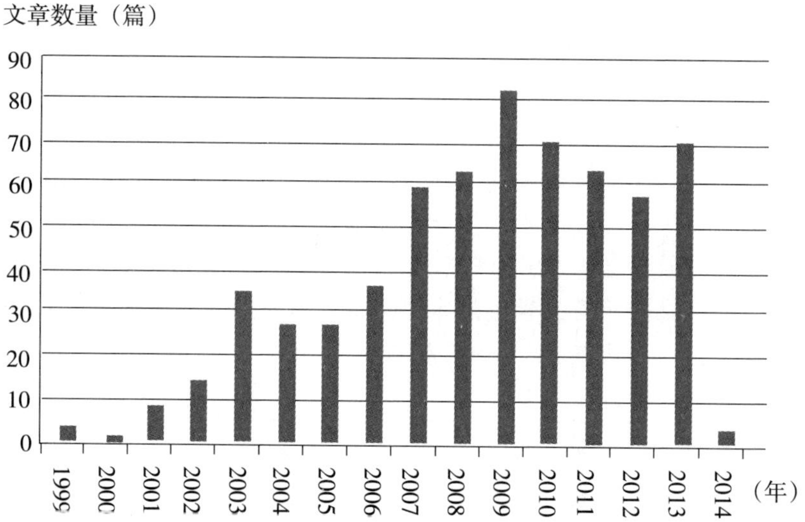

图12　1999—2014年中国知网数据库中有关“全纳教育”的文章

华东师范大学还成立了专门的全纳教育研究中心，并于2009年4月与山东省潍坊市教育局共同举办了首届中国全纳教育大会，来自6省13市的52名代表参加了这次以“理解与放飞”为主题的大会，围绕“随班就读和全纳教育”“普通教育”“特殊教育”三个专题进行了深入的研讨，并提出了《中国全纳教育潍坊共识和建议》。[①]

中国政府也在通过对特殊教育的改革积极推动“全纳教育”在中国

① 彭正梅．理解与放飞：聚焦首届中国全纳教育大会[J]．世界教育信息，2009(6)：20-22.

的实施。1987年出台的《全日制弱智学校（班）教学计划》（征求意见稿）首次提出了“随班就读”的概念。1989年《关于发展特殊学校的若干意见》中又多次提到了“随班就读”。1994年7月，国家教委印发了《关于开展残疾儿童少年随班就读工作的试行办法》，指出开展残疾儿童随班就读工作是发展和普及我国残疾儿童少年义务教育的一个主要办学形式，是建立适合我国国情的残疾儿童少年义务教育新格局的需要，标志着中国特殊教育发展方向的一次重要转变。同年8月颁布的《中华人民共和国残疾人教育条例》也做了相应的调整：第三条规定“残疾人教育应当根据残疾人的残疾类别和接受能力，采取普通教育方式或特殊教育方式”；第七条要求“幼儿教育机构、各级各类学校及其他教育机构应当根据国家法律法规的规定，实施残疾人教育”。

2010年出台的《教育规划纲要》在特殊教育方面仍然坚持残疾人在普通学校中随班就读与特殊学校相结合的方针，第二十九条要求“鼓励和支持各级各类学校接受残疾人入学，不断扩大随班就读和普通学校特教班规模”；第三十条规定“鼓励和支持接收残疾学生的普通学校为残疾学生创造学习生活条件”。

虽然中国已经制定了与全纳教育相关的系列政策和法规，学术界也对“全纳教育”开展了如火如荼的研究，“随班就读”也已经成为我国教育法律和法规领域的一个重要词汇，但是中国目前还没有专门的全纳教育政策或法规，在政府的正式文件上也还没有出现过全纳教育的词汇。这恰恰表明了全球性的教育模式与国家本土层面教育模式的松散耦合，政策层面与实践层面的松散耦合。

3. 终身教育在中国

“终身教育”“终身学习”和“学习型社会”是20世纪人类社会闻名遐迩的教育理念之一，深刻影响着全世界教育事业的发展方向，当然也包括中国。中国自1993年首次使用“终身教育”的概念之后，一直在积极地研究并践行“终身教育”的理念，并将其作为国内教育改革的指导思想纳入了有关的教育政策法令和指导文件之中。

在中国知网数据库中以“终身教育”“终身学习”和“学习型社会”为主题检索词，检索到的记录分别是133,467条、20,959条、9416条；而其中以这三个检索词为标题的研究也分别达到了3989条、2433条、2497条，最早的研究开始于1980年。北京师范大学图书馆收录的有关“终身教育”“终身学习”和“学习型社会”的各类著作分别有20本、26本和9本。百度新闻中有关这三个主题的新闻多达34,400条。

终身教育、终身学习和学习型社会的理念不仅得到了中国学界和社会的广泛认可，中国政府也在积极从政策法令层面推动中国教育体系朝着终身学习的方向发展，力争把中国建成一个学习型社会。1993年，《中国教育改革和发展纲要》提出：“成人教育是传统学校向终身教育发展的一种新型教育制度，对不断提高全民素质，促进经济和社会发展具有重要作用。”[①]这是首次在政策文件中使用“终身教育”一词，标志着该理念得到了政府层面的认可和接纳。从1993年到2010年，中国出台的各项重大教育法令和政策文件都提到了“终身教育”，反映出中国政府对终身教育理念的接纳和对终身教育和学习型社会体系建设的高度重视。

表33　中国有关“终身教育”的政策文件

1993年	▶《中国教育改革和发展纲要》首次正式使用“终身教育”概念
1995年	▶《中华人民共和国教育法》提出“建立和完善终身教育体系”
1999年	▶《面向21世纪教育振兴行动计划》和《关于深化教育改革全面推进素质教育的决定》强调“终身教育将是教育发展和社会进步的共同要求”，提出到2010年中国要“基本建立起终身学习体系”的改革目标
2002年	▶《全面建成小康社会，开创中国特色社会主义事业新局面》明确提出，教育发展的总体目标是要“构建终身教育体系”，“形成全民学习、终身学习的学习型社会，促进人的全面发展”
2004年	▶教育部发布《2003—2007教育振兴行动计划》，提出“鼓励人们通过多种形式和渠道参与终身学习”，“适时起草《终身学习法》”

① 葛喜艳．中国终身教育发展的回顾与反思——政策分析视角[J]．成人教育，2013(8)：20-23.

（续表）

2007年	▶党的十七大明确提出了“努力使全体人民，学有所教”的新的奋斗目标，进一步强调要“建设全民学习、终身学习的学习型社会”
2010年	▶《国家中长期教育改革和发展规划纲要（2010—2020年）》将“构建体系完备的终身教育”作为战略目标之一，提出到2020年“现代国民教育体系更加完善，终身教育体系基本形成”；“到2020年，努力形成人人皆学、处处可学、时时能学的学习型社会”；“搭建终身学习‘立交桥’”

4. 可持续发展教育在中国

“可持续发展”不是一个孤立的理念，涉及经济、社会和环境三方面的可持续发展；“可持续发展教育”也不是一个单一的理念，包括环境教育、和平文化与国际理解教育、语言文化多样性教育等诸多内容，其宗旨只有一个：为了人类社会的可持续发展而开展各种各样的教育。

中国有关“环境教育”方面的研究最早开始于1978年，在中国知网数据库中以“环境教育”为主题词进行检索，发现1978年就有3篇相关的研究。从1978年至今，中国知网共收录了8863条有关环境教育的研究，从1995年以后，这方面的研究开始超过100篇，一直持续到现在，由此反映出中国学界对环境教育的高度关注。其中，以“环境教育”作为标题的文章也多达5145篇，内容涉及对国际组织环境教育会议、其他国家环境教育实践的介绍，对中国中小学环境教育模式的探索，也有对高等教育领域环境工程教育的研究等方面的文章。北京师范大学图书馆中收录的有关“环境教育”的各类著作也多达70本。百度新闻中有关“环境教育”的新闻报道就有453,000篇。

中国知网数据库中以“国际理解教育”为主题文章有688篇，最早的研究开始于1974年，从2001年以后，相关的研究持续增多。北京师范大学图书馆收录了1本会议论文《迈向21世纪的国际理解教育：国际教育学研究大会苏州会议论文选》；百度新闻中收录了97篇有关“国际理解教育”的新闻报道。

中国知网数据库中有关“和平教育”的研究也有342篇，最早的研究出现于1952年，2000年之后逐渐增多；百度新闻中相关的报道有111篇。

关于“语言与文化的多样性教育”，中国知网数据库中收录了98篇有关“语言多样性教育”的文章，2898篇有关“双语教育”的研究，423篇有关“文化多样性教育”的研究。而百度新闻中有253,000篇“双语教育”的报道；50篇“多元文化教育”的新闻。

中国知网数据库中直接以“可持续发展教育”为主题的文章就有2709篇；北京师范大学图书馆收录了34本相关的各类著作；百度新闻有335篇相关的报道。

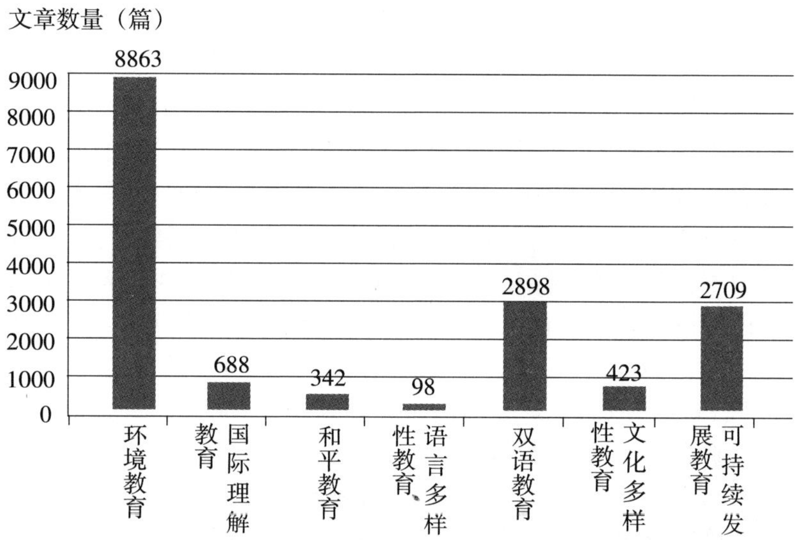

图13　与“可持续发展”理念相关的教育文章数量

从这些数据可以看出，国内无论是直接以“可持续发展教育”，还是以可持续发展教育的具体内容为主题的研究和报道都很多，这表明中国学术界和媒体对“可持续发展教育”的广泛认可和接纳。

在政策层面，为了履行联合国环境与发展大会1992年通过的《21世纪议程》的庄严承诺，1994年3月国务院第十六次常务会议审议通过了《中国21世纪议程》。其中第六章“教育与可持续发展能力建设”专门论述了如何通过教育来促进中国各方面的可持续发展。一方面，“加强对受教育者的可持续发展思想的灌输，在小学《自然》课程、中学

《地理》等课程中纳入资源、生态、环境和可持续发展内容；在高等学校普遍开设《发展与环境》课程，设立与可持续发展密切相关的研究生专业如环境学等，将可持续发展思想贯穿于从初等到高等的整个教育过程中”。另一方面，“加强文化宣传和科学普及活动，组织编写出版通俗的科普读物，利用报刊、电影、广播等大众传播媒介进行文化科学宣传和公众教育，举办各种类型的短训班，提高全民的文化科学水平和可持续发展意识，加强可持续发展的伦理道德教育”。① 目前，中国还没有任何教育政策直接提到“可持续发展教育”这个词汇，但《教育规划纲要》在少数民族教育事业部分提到了“大力推进双语教学，尊重和保重少数民族使用本民族语言接受教育的权利”，通过教育保护语言和文化的多样性。

在实践层面，中国的可持续发展教育在联合国“可持续发展教育十年”计划下已经顺利开展起来了。目前，在中国从事环境与可持续发展教育实践的群体有很多，其中影响力比较大的有联合国教科文组织中国可持续发展教育项目、国家环境保护总局宣传教育中心负责的绿色学校项目、世界自然基金会组织的中小学绿色行动项目等。②

5. 人力资本理念与中国教育

“人力资本”理念在20世纪60年代一经提出就受到了社会各界的热捧，改变了整个20世纪后半叶至今的社会和经济发展方向，教育的发展也深受“人力资本理论”的影响。

中国知网数据库收录了1396篇“教育与人力资本”相关的研究。最早对教育与人力资源关系的论述开始于1987年，2000年之后研究逐渐增加到了几十篇，而2005年以后每年这方面的研究都增加很多。北京师范大学图书馆也收录了一本《教育投入、资源配置与人力资本收益：中国教育与人力资源问题研究》的专著。百度新闻中有关“教育与人力资源”的新闻报道也有493篇。

经过国内学界、国际组织的大力倡导和推广，“人力资本”的理念早已进入中国教育政策的话语体系之中，成为指导中国教育发展的重要

---

①《中国21世纪议程》. http://www.ctc-health.org.cn/file/20070228CN21. pdf.

② 王巧玲. 可持续发展教育的有效推进——中国可持续发展教育项目特色评述[J]. 北京师范大学学报：社会科学版，2008(6)：126-129.

指导思想之一。《教育规划纲要》对“人力资本”的论述得以见之。[①]

◇依据：党的十七大关于“优先发展教育，建设人力资源强国”的战略部署；

◇序言：“加快从教育大国向教育强国、从人力资源大国向人力资源强国迈进”；

◇指导思想：“实施科教兴国战略和人才强国战略，优先发展教育，办好人民满意的教育，建设人力资源强国”；

◇工作方针：“财政资金优先保障教育投入，公共资源优先满足教育和人力资源开发需要”；“人力资源是我国经济社会发展的第一资源，教育是开发人力资源的主要途径”；

◇战略目标：“到2020年，基本实现教育现代化，基本形成学习型社会，进入人力资源强国行列”。

◇人力资源开发的主要目标：

	2009年	2015年	2020年
▶具有高等教育文化程度的人口数（万人）	9830	14500	19500
▶主要劳动年龄人口平均受教育年限（年） ▶其中受过高等教育的比例（%）	9.5 9.9	10.5 15.0	11.2 20.0
▶新增劳动力平均受教育年限（年） ▶其中受过高中阶段及以上教育比例（%）	12.4 67.0	13.3 87.0	13.5 90.0

2003年，由中国教育部时任部长的陈至立牵头成立的“中国教育与人力资源问题”课题组通过理论研究、实证分析和国际比较，回顾了近百年国内外人力资源开发的经验和教训；对中国教育与人力资源发展现

① 规划纲要工作小组办公室. 国家中长期教育改革和发展规划纲要(2010—2020年[R]. 2010.

状和发达国家、新兴工业化国家之间的差距做了定量分析。从人力资源开发存在的问题出发探讨了中国人力资源开发面临的机遇和挑战，从制度创新和政策制定层面勾画了中国未来建设人力资源强国的蓝图，是目前学术界对中国人力资源建设与教育发展关系最全面和系统的研究。

（三）科学化教育评价系统的应用

教育测量和评价科学的兴起，互联网信息科学的发展使得全球教育比较和监测从理想变为现实。在这个全球化程度日益加深的现代世界社会，中国作为其中的一员，也会被动地纳入或主动地融入全球比较的框架之内。

1. 中国与UNESCO的教育统计

中国作为联合国教科文组织的成员国，理所当然地成为联合国教科文组织全球教育监测和统计指标体系的数据来源国，在联合国教科文组织开发的11套全球教育监测和统计系统中，中国参加了其中的10套，因为有一套是针对撒哈拉以南的非洲、拉丁美洲和加勒比海区域的教育数据统计和监测。

2. 中国与OECD的教育评价

作为经合组织的非成员国，近年来，中国也主动加入到该组织所举办的大型国际比较和评价系统中。经合组织自1992年开始发布《全球教育概览——经合组织指标》；从1998年开始与联合国教科文组织合作，通过世界教育指标（World Education Indicators, WEI）收集了印度、巴西等8个非经合组织成员国的教育数据；2000年的教育概览指标又增加了另外8个非经合组织成员国的教育数据，这8个国家中就有中国。

2009年，经中国教育部批准，中国上海作为一个城市首次独立参加经合组织举办的国际学生评估项目；2012年，中国上海继续参加了该项目的测评；2015年，在教育部的部署下，除了上海，中国新增了北京、广东、江苏三个省市参与该项目的测试。这表明在这个国家越来越弱化的现代社会中，地方与全球层面的互动更加频繁和便捷，这也显示了中国教育主动融入国际社会的勇气。

上海学生在2009年和2012年PISA测评中的优异表现，引起了各国对上海基础教育的关注和讨论，并把目光聚焦在上海教师身上。在此背景下，为了更好地了解上海教师职业状况和专业水平，上海决定参加经合组织的2013年“教师教学国际调查”（Teaching and Learning International Survey，简称TALIS)，再次显示了中国地方政府主动将教育纳入国际社会进行比较的勇气。

此外，中国的教育发展也受到其他国际教育统计指标的影响。1983年，中国在教育经费严重短缺的情况下决定立项找出政府教育经费支出的合理比例，最后由厉以宁牵头立项的政府支出的教育经费占国民生产总值比例的国际平均水平研究得出：与我国经济状况相适应的公共教育经费占GDP的比例应当是3.7%~3.9%。[①] 1993年，中国在制定《中国教育改革和发展纲要》时提出在20世纪末实现中国财政性教育投入占GDP的4%的目标。自此目标提出以后，4%就一直成为社会各界广泛关注的焦点，然而，中国历年公共教育投入占GDP的比例都让社会各界大失所望，如下图。

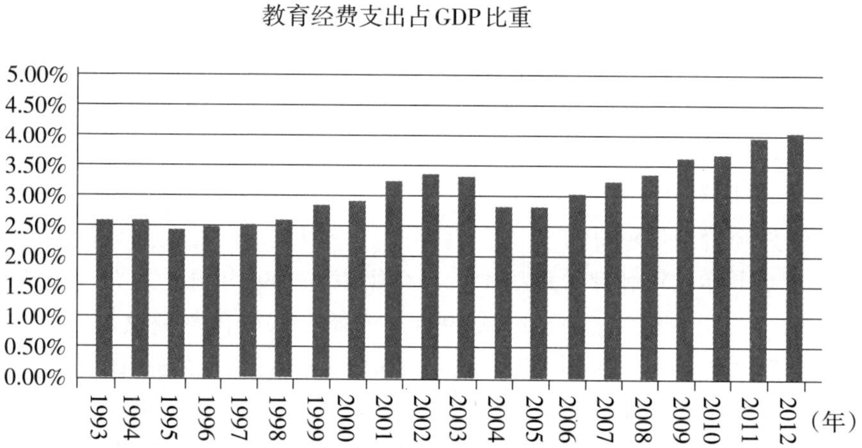

图14　1993—2012年中国公共教育经费占GDP的比重[②]

而根据联合国教科文组织和经合组织的统计，历年世界各国教育财政收入占GDP的平均水平都超过了4%，1995年、1997年、2002年世界的平均水平分别为4.7%、4.8%、4.4%。因此，从1993年到2012年，4%这个数字就像一根敏感的神经，牵动着社会各界的心。在世界平均水平甚至是发展中国家的平均水平都超过4%的情况下，中国“公共教育经费支持何时能实现4%”成为新闻记者在历届重大政府工作会议中必问的问题，也是各界政府的“心病”和社会各界批评政府的“靶子”。百

① 牛征. 教育经费占GDP、财政支出与国民收入比例的研究[C]. 2009年中国教育经济学学术年会论文集，2009.

② 注：参照中国历年教育年鉴。

度新闻中有关“教育投入占GDP比重”的报道就多达300多篇。

3. 中国与世界大学排行榜

在高等教育领域，中国的高校不仅被纳入世界大学排行榜的评比之中，而且主动开发了一套自己的世界大学排行系统，即上海交通大学的“世界大学学术排行”，而且在全世界赢得了良好的信誉和高度的认可。在由世界大学排行榜衍生出来的“世界一流大学”建设潮流中，中国也没有落后，积极参与其中。中国政府早在1996年就提出了“211工程”，1999年又提出了“985工程”，2016年在废除“211”和“985”工程之后又提出了新的“双一流”战略。而今“世界一流大学”和“世界一流学科”的目标早已被各大高等院校写入自己的学校发展使命之中。

二、中国与世界教育的分离之处

随着全球化程度的不断深化以及中国与国际社会的联系日益紧密，中国教育在被动纳入和主动融入世界教育发展蓝图的同时还保留了一些独特的体制结构、传统的教育思想和特殊的教育内容。

（一）独特教育结构的留存

在高等教育领域，在大学模式盛行的现代世界社会，中国曾经模仿苏联模式建立起来的中国科学院这种独特的研究机构仍旧得到了保留和延续。1952年，为了适应计划经济体制，中国以苏联模式为蓝本，开始了大规模的高等院校调整；“在院系调整的同时，我国还照搬苏联的做法设立了庞大的科学院系统，人为地取消了现代大学作为科研中心的功能，使大学成为一个教学机构，造成教学与科研的分离”[①]。1992年，受苏联解体和西方观念的影响，中国又开始了高等教育管理体制和布局结构的调整，即众所周知的院校大合并：将原来条块分割的专业院校重新合并为综合性的大学。但是，在这次高等教育体制大调整的浪潮中，中国科学院体系并没有受到太大的影响，仍然得以保留。

中国科学院是在1949年以前的中华民国政府建立的中央研究院和北平研究院的基础上，参照苏联的科学院模式建立起来的，根据国家战略需求和经济社会发展开展科学研究，形成了独具特色的科研体系。如

① 谷贤林．百年回眸：外来影响与中国高等教育发展[J]．北京科技大学学报：社会科学版，2001，17(1):80-87.

今的中国科学院，集科研院所、学部、教育机构于一体，全院共拥有12个分院、100多家科研院所、3所大学（与上海市共建上海科技大学）、130多个国家级重点实验室和工程中心、210多个野外观测台站，承担20余项国家重大科技基础设施的建设与运行，正式职工6.8万余人，在学研究生5.2万余人。

中国科学院的体制结构虽然很稳定，但其办院方针也在随时代变迁而调整，自成立至今已经进行了6次大调整。近年来，国家为了“建设世界一流大学”先后启动了“211”和“985”工程，中央和地方都加大了对大学的科研投入，使得原来以人才培养、教学为主的大学迅速占领了科研领域的半壁江山，削弱了中国科学院在科研领域一枝独秀的优势。面对来自大学的威胁，中国科学院也通过体制结构改革做出了回应。中国科学院于2012年在1978年成立的中国科学院研究生院的基础上创办了中国科学院大学，并经过教育部批准于2014年开始正式招收本科生，要从本科开始培养自己的精英研究力量。中国科学院的这一举动也反映了“世界一流大学”战略对它的冲击和影响。

表34　中国科学院办院方针的6次调整

1950年	▶按人民政协共同纲领规定的文教政策，改革过去的科研机构，以期培养科学建设人才，使科学研究真正能够服务于国家的工业、农业、保健和国防事业的建设
1978年	▶侧重基础，侧重提高，为国民经济和国防建设服务
1983年	▶大力加强应用研究，积极而有选择地参加发展工作，继续重视基础研究
1991年	▶把主要力量动员和组织到为国民经济和社会发展服务的主战场，同时保持一支精干力量从事基础研究和高技术创新

（续表）

2002年	▶面向国家战略需求，面向世界科学前沿，加强原始科学创新，加强关键技术创新与集成，攀登世界科技高峰，为我国经济建设、国家安全和社会可持续发展不断作出基础性、战略性、前瞻性的重大创新贡献
2015年	▶为“三个面向”“四个率先”——面向世界科技前沿，面向国家重大需求，面向国民经济主战场，率先实现科学技术跨越发展，率先建成国家创新人才高地，率先建成国家高水平科技智库，率先建设国际一流科研机构

此外，在教育管理体制上，教育部虽然是中国教育事业的最高管理机构，但由于受到计划经济和1952年院校调整的历史影响，仍然有很多中等和高等学校不属于教育部主管，而归属于中央各大部委。如某些中等职业技术学校就归属于以前的劳动部，现在的人力资源与社会保障部；军队系统有自己的各类高等院校，如国防大学、中国人民公安大学、解放军艺术学院等各类军事院校；还有一些高等院校仍旧隶属于中央各大部委管辖；共产党和共青团中央也有自己的专门院校。

表35　不属于教育部主管的高校

外交部	外交学院
公安部	中国人民公安大学，中国刑事警察学院，中国人民武装警察部队学院，公安海警学院，铁道学院
国家卫生和计划生育委员会	北京协和医院
国家体育总局	北京体育大学
中央办公厅	北京电子科技学院

（续表）

工业和信息化部	北京航空航天大学，哈尔滨工程大学，南京理工大学，北京理工大学，哈尔滨工业大学，南京航空航天大学，西北工业大学
海关总署	上海海关学院
国家民族事务委员会	中央民族大学，大连民族大学，中南民族大学，西南民族大学，西北民族学院，北方民族大学，西北第二民族学院
交通运输部	大连海事大学，中国民用航空飞行学院，中国民航大学
全国妇联	中华女子学院
中华全国总工会	中国劳动关系学院
共青团中央	中国青年政治学院
中共中央	中共中央党校
中国地震局	防灾科技学院
国家安全生产监督管理总局	华北科技学院
中国科学院	中国科学技术大学，上海科技大学
国务院侨办	华侨大学，暨南大学
新疆生产建设兵团	石河子大学，塔里木大学
军事部门	国防大学，国防科技大学，军事科学研究院，各类军事院校

（二）传统教育思想的延续

杨东平认为20世纪中国思想变迁是个不断激进化的过程："康梁否定传统文化但仍主张保留旧有的形式；辛亥革命迅速否定了康梁并使之沦为保皇派；五四运动否定改良主义，引进了西方自由主义；随后又被同为引自西方的社会主义思潮所否定并一直持续到20世纪下半叶；新民主主义纲领制定不久即被超越；社会主义建设刚刚起步又被进一步纳入共产主义的乌托邦。"①

中国传统教育思想经过百年的激荡和变迁、批判和洗礼并未消除殆尽，并且以经典的传统形式或新的形式重现于现代教育之中，体现在教育思想、教育制度、教育内容和教育方法等诸多层面，它们之中既有精华也有糟粕。

"因材施教""教学相长""温故知新""不耻下问""循序渐进"等许多脍炙人口的名言警句仍旧在当今社会被广泛传诵；"学而优则仕"的科举选拔制度虽然遭到现代社会制度的淘汰与废弃，但它的核心精神在当今的公务员考试中仍可寻迹一二；传统的私塾和书院形式虽然已废弃久矣，但在教育弊端重重的今天又重新得到了某些人的青睐；"注入式、满堂灌、死记硬背、考试至上"的"应试教育"一定程度上也可以看作是某些传统教育思想在当代的复活。

书院精神的复兴。2012年5月，在北京市民政局的批准下，北京市"北京市书院中国文化发展基金会"正式成立。根据创始人的寄语，该基金会之所以以书院命名，理由之一是崇敬其"传道而济斯民"的独立、自由、纯粹的精神；其二是希望以传承文明为引，传播文化为据，提供平台，将传统文化殷勤入户。目前，基金会正在开展的项目有公益书院、传承人资助和雅乐资助等项目；活动的内容涉及茶道、花道、香道、古琴、书法、绘画、吟诵、昆曲、手工艺、节日雅聚等领域，并设有专门的书院仪规（包括更衣、净手、焚香、吟诵学规、敬茶等）。2013年，为了推动人才培养模式改革、培养拔尖创新人才、提升学生管理工作效能，北京师范大学教育学部结合"以人为本、科学设计、统筹兼顾、注重实效"的方针，并借鉴世界一流大学住宿学院经验、秉承中国古代书院的育人传统，试点推行了书院制管理改革，并将教育学部书院名称定为"学而书院"。

---

① 杨东平. 中国传统教育的现代命运[J]. 清华大学教育研究，1999(2):26-31.

国学在中小学教育的复兴。针对现代应试教育的弊端，社会上出现了一些以读经为主的全日制私塾，如“孟母堂”“菊斋私塾”“鹿鸣学堂”等，主要教授一些古典经文，但这些学校常常因为违反义务教育法或违规收费而被政府叫停。在国学大师南怀瑾先生的倡导下，1998年1月，“儿童中国文化导读”活动正式在中国大陆启动。一套涵盖《三字经》《千字文》《弟子规》《孝经》《论语》《大学》《中庸》《孟子》《老子》《庄子》以及唐诗宋词等中国古诗文经典之作的儿童诵读教材，以大字注音本形式隆重推出，免费提供给读经的儿童。同时还有与之配套的“英文文化导读”教材，包括《旧约》《祈祷文》《犹太箴言》以及其他英美美文名篇等。此外，还有儿童“珠心算”培训教材。除了民间人士的推动，政府层面也已经开始启动为中小学编制经典国学教材的计划。

孔子学院的兴办。孔子学院是由中国国家对外汉语教学领导办公室为了在世界各地推广汉语、传播中国文化与国学而设立的文化交流机构。孔子学院的主要工作是为世界各地的汉语学习者提供规范、权威的现代汉语教材和正规的汉语教学渠道。孔子学院总部于2007年在北京成立，主要是通过合作办学的形式在中国以外的国家设立分支机构。全球第一家孔子学院于2004年11月21日在韩国首尔正式挂牌，截至2017年12月31日，全球已建立525所孔子学院和1113个孔子课堂，分布在138个国家（地区），成为汉语教学推广与中国文化传播的全球品牌和平台。除了实体机构，2008年，经广电总局和孔子学院总部批准，黄河电视台开播了电视孔子学院，并通过美国斯科拉卫星教育电视网转播，全天24小时转播各类汉语教学栏目，包括走遍中国、中华小吃街、汉语365句等。

（三）特殊教育内容的保留

与世界上其他国家实行“公民教育”不同，中国实行的是“大德育”，即整个德育体系包含思想品德教育、思想政治教育和公民教育。

在小学阶段，德育课的名称是“品德与生活”“品德与社会”，老师们习惯性地称为“思品”；初中德育课的名称是“思想品德”；高中德育课的名称是“思想政治”；而大学和研究生阶段的德育课名称是“马克思主义理论课与思想品德课”，简称两课，具体内容包括《马克思主义哲学原理》《马克思政治经济学原理》《毛泽东思想概论》《邓小平理论概论》《当代世界经济与政治》《思想道德修养》《法律基础》《形势与政策》等8门必修课程。“公民教育”并不是必修课，只是在某些中小学的校本课程中会涉及相关内容，高等教育中也没有专门的公民教育课。

德育课不仅是中国学生（从小学到研究生教育，从普通教育到职业教育）必修的科目之一，也是各级升学考试中必考的科目。无论是中学、大学通常还是研究生入学考试，德育课都是必考科目。专业上，高等院校里面通常设有思想政治和德育教育专业，培养从事思想政治和道德教育的教师，还有专门从事思想政治教育和德育研究的人员。在管理上，教育部设有专门主管全国各类学校思想政治教育的思想政治工作司；各省市教育厅和地方教育局也设有主管思想政治和道德教育的部门；学校有思想政治和道德教育的教研室。

教育指导方针是一个国家在一定历史时期提出的教育工作发展的总方向，它规定着教育的目的和内容，是教育基本政策的总概括。[①] 从新中国历次教育指导方针中，可以看出思想政治和道德教育的重要地位，它是培养社会主义事业的建设者和接班人的重要途径。

表36　中华人民共和国成立至今“教育方针”的演变

1957年	▶《关于正确处理人民内部矛盾的问题》指出：“我们的教育方针，应该使受教育者在德育、智育、体育几方面都得到发展，成为有社会主义觉悟的有文化的劳动者”
1961年	▶“教育必须为无产阶级政治服务，教育必须与生产劳动相结合，使受教育者在德智体几方面得到发展，成为有社会主义觉悟有文化的劳动者”
“文化大革命”时期	▶教育方针严重扭曲，阶级斗争成为教育领域的指导思想

① 刘海南. 论新中国教育方针的演进与启示[J]. 西南师范大学学报(哲学与社会科学版)，1999(5):4-9.

（续表）

1981年	▶《关于建国以来党的若干历史问题的决议》指出："要加强和改善思想政治工作，用马克思主义世界观和共产主义道德教育人民和青年，坚持德智体全面发展，又红又专，知识分子与工人农民相结合，脑力劳动与体力劳动相结合的教育方针。"
1983年	▶邓小平提出："教育要面向现代化、面向世界、面向未来。"
1985年	▶《中共中央关于教育体制改革的决定》强调教育必须为社会主义建设服务
1995年	▶《中华人民共和国教育法》提出："教育必须为社会主义现代化建设服务，必须与生产劳动相结合，培养德智体等方面全面发展的社会主义事业的建设者和接班人。"
1999年	▶《中共中央关于深化教育体制改革全面推进素质教育的决定》指出："教育必须为社会主义现代化建设服务，必须与生产劳动相结合，培养德智体美等方面全面发展的社会主义事业建设者和接班人。"
2002年	▶党的十六大提出："坚持教育为社会主义现代化建设服务，为人民服务，与生产劳动和社会实践相结合，培养德智体美全面发展的社会主义建设者和接班人。"
2007年	▶党的十七大提出："坚持育人为本、德育为先，实施素质教育，提高教育现代化水平，培养德智体美全面发展的社会主义建设者和接班人，办好人民满意的教育。"
2012年	▶党的十八大提出："坚持教育为社会主义现代化建设服务，为人民服务，把立德树人作为教育的根本任务，全面实施素质教育，培养德智体美全面发展的社会主义建设者和接班人，办好人民满意的教育。"

2010年出台的《国家中长期教育改革和发展规划纲要（2010—2020年）》的战略主题也要求“德育为先”。[①]

◇把社会主义核心价值体系融入国民教育全过程；

◇加强马克思主义中国化最新成果教育，引导学生形成正确的世界观、人生观、价值观；

◇加强理想信念教育，坚定学生对中国共产党领导、社会主义制度的信念和信心；

◇加强民族精神和时代精神教育，增强学生爱国情感和改革创新精神；

◇加强社会主义荣辱观教育，培养学生团结互助、诚实守信、遵纪守法、艰苦奋斗的良好品质；

◇加强公民意识教育，树立社会主义民主法治、自由平等、公平正义理念，培养社会主义合格公民；

◇把德育渗透于教育教学的各个环节，贯穿于学校教育、家庭教育和社会教育的各方面；

◇构建大中小学有效衔接的德育体系，创新德育形式，丰富德育内容，不断提高德育工作的吸引力和感染力，增强德育工作的针对性和实效性。

与世界上其他国家不同，中国虽然在《教育规划纲要》中提到了“加强公民意识教育，培养社会主义合格公民”，但并没有以“公民教育”的名义取代德育，而是把“公民教育”作为一部分融入德育体系之中，这也显示了中国在公民教育方面的特殊之处。

三、中国与世界教育融合和分离的原因

（一）中国与国际社会的融合日益紧密

中华人民共和国于1949年诞生在二战以来这个现代世界社会的舞台之上，成立之初曾经因为外交政策上的“一边倒”而在很长一段时间内与国际社会脱轨；“文化大革命”期间的政治运动和阶级斗争更是让中国与西方世界完全隔绝起来；1978年，党的十一届三中全会决定实行

① 规划纲要工作小组办公室．国家中长期教育改革和发展规划纲要(2010—2020年)[R]．2010.

“改革开放”的伟大决策，中国逐渐开始重新融入现代世界社会的体系中。

重新加入各类国际和区域性组织。1971年10月25日，在美国纽约联合国总部举行的第26届联合国大会以压倒性多数的投票恢复了新中国在联合国的合法席位。自此以后，其他国际组织也纷纷重新将中国纳入其会员体系之中，截至2017年，中国积极参与的政府间国际和区域性组织、论坛已经达到68个，足以反映当今中国与国际社会的紧密程度。

表37　中国参与的国际和区域性组织和论坛

名称	名称	名称
联合国安全理事会	联合国社会发展委员会	国际海事组织
国际电信联盟	世界知识产权组织	联合国麻醉品委员会
国际刑事警察组织	国际清算银行	世界能源理事会
国际农业发展基金	联合国工业发展组织	世界动物卫生组织
联合国人权机构	联合国可持续发展委员会	联合国妇女地位委员会
亚欧会议	国际劳工组织	建设和平委员会
联合国预防犯罪和刑事司法委员会	金砖国家	世界气象组织
联合国毒品和犯罪问题办公室	国际货币基金组织	二十国集团
联合国难民事务高级专员公署	联合国教科文组织	国际民用航空组织
南方中心	全面禁止核试验条约组织筹备委员会	环印度洋联盟
东亚峰会	不结盟运动	世界贸易组织

（续表）

世界旅游组织	联合国环境规划署	红十字国际委员会
世界卫生组织	国际移民组织	联合国人居署
联合国粮食及农业组织	世界经济论坛	万国邮政联盟
联合国开发计划署	联合国人口基金会	联合国儿童基金会
核供应集团	东南亚国家联盟	东盟与中日韩领导人会议
亚太经合组织	七十七国集团	禁止化学武器组织
中国与东盟领导人会议	南亚区域合作联盟	大湄公河次区域经济合作
中非合作论坛	上海合作组织	太平洋共同体
东亚-拉美合作论坛	太平洋联盟	桑戈委员会
亚洲合作对话	世界粮食计划署	中日韩合作
东盟地区论坛	中国—阿拉伯国家合作论坛	G20峰会
一带一路国际合作高峰论坛		

其中，与教育相关的国际间或区域间政府组织有联合国教科文组织、世界银行、联合国儿童基金会、国际劳动组织、联合国开发计划署、世界贸易组织、世界卫生组织、联合国可持续发展委员会、联合国知识产权组织等。

除了恢复与国际组织的交往之外，改革开放以来中国逐渐恢复了与美国、英国、日本等西方国家的正常邦交关系。截至2014年，中国已经与世界上187个国家建立了双边外交关系。与西方国家的重新建交也为中国教育向西方学习以及西方先进教育理念进入中国打开了一扇窗。

在这个国家越来越弱化，组织和个人角色日渐凸显的现代世界社会，大量的非政府间国际组织和许多专家学者也为中国教育融入世界教育蓝图做出了很大的贡献。根据国际协会组织的统计数据，中国所加入的各类国际组织的数量已经达到了4080个，由此可见，中国在国际社会的活跃程度。地方政府也越来越独立地活跃在国际社会上。在教育领域很多大型的国际比较测评，如PISA、TIMSS、PIRLS、ICCS等都允许地方政府或城市以独立的身份参与其中，比如中国的香港、澳门、台湾、上海、北京、广东、江苏都独立参与了很多国际教育测评。

学术界之间的交流也日益密切。根据中国教育学会的统计，中国现在拥有比较教育、高等教育、特殊教育等教育领域的46个分会，每个分会都会举办与本领域相关的国际性学术会议，发行相关的杂志，这些会议和杂志也是中国教育与世界沟通和交流的平台。以比较教育学为例，1961年在周恩来总理的批示下，北京师范大学、东北师范大学、华东师范大学等成立了最早的外国教育研究室，并发行了自己的专业杂志《比较教育研究》《外国教育动态》《全球教育展望》，专门为中国教育政策和法令的制定提供借鉴和咨询。此外，中国比较教育学会曾于1984年加入世界比较教育联合会，后因台湾的加入而宣布退出，由北京师范大学自主举办了“世界比较教育论坛”，邀请本领域知名的外国专家学者参与论坛，共同研讨当今世界教育的热点问题，到2016年为止已经举办了五届。此外，中国比较教育学会还于2012年重返了世界比较教育联合会，并派代表参加了在阿根廷首都布宜若斯艾利斯举办的第15届世界比较教育大会，王英杰教授还当选为下一届的副会长。受世界比较教育联合会的委托，北京师范大学于2016年在北京举办了第16届世界比较教育大会，这是该学术会议首次在中国举办。重返世界比较教育联合会和主办世界比较教育大会都进一步加深了中国比较教育学界与世界的联系，有利于中国教育与世界的沟通和交流。

中国教育学界和社会学界的专家学者不仅通过各自的专业组织参与国际性会议与世界建立联系，也通过在国际性的期刊上发表文章与国际同行交流切磋，通过担任相关国际组织的职员或咨询顾问向中国传播国际上通行的教育理念，同时把中国的经验带向世界。

总之，中国政府与有关国家、国际组织的来往，国内教育学界与国际学界的交往都有助于中国教育与世界的沟通和交流，并在一定程度上推动了中国教育融入世界教育蓝图。

（二）中国独特的体制结构和文化思想

经过不懈的反帝、反封建、反殖民主义运动，中华人民共和国于1949年10月1日正式成立，并建立了中国共产党领导的多党合作和政治协商制度和具有中国特色的社会主义市场经济体制。中国政府与国际社会的密切程度、中国政府的外交取向以及中国特殊的政治经济体制决定着中国教育与世界教育蓝图的分离。

自1978年改革开放以来，中国已经逐渐恢复了与众多国际组织的交往，特别是和一批与教育相关的国际组织建立联系，推动了中国教育与世界教育蓝图的融合。但是，与不同国际组织关系的亲疏程度决定着中国教育与世界教育蓝图的融合与分离程度。中国自1971年恢复在联合国教科文组织的合法席位，1979年成立中国联合国教科文组织全国委员会，1984年设立联合国教科文组织北京办事处以来，与联合国教科文组织建立了密切的合作关系，因此，中国的教育政策受联合国教科文组织的影响较大。世界银行和联合国儿童基金会作为针对发展中国家的援助性组织，早在20世纪80年代就开始了对中国的教育援助项目，因此也对中国教育发展有着重要的影响。相比而言，作为市场经济国家联盟的经合组织对中国教育发展的影响则相对较小，直到2000年中国的教育数据才被纳入其《教育概览》的统计之中，2009年中国才首次批准上海参加它的国际学生评估项目。作为第三方机构的国际教育成就评价协会虽然是很多大型国际测评项目的发起者，但中国至今还没有与其建立合作关系，也没有参加过它所举办的任何测评项目。

中国特殊的政治制度也决定着中国教育体制和教育内容与世界教育蓝图的分离。比如计划经济体制下的中国高等教育模式就与世界通行的模式存在一定的差异。在全世界都推行公民教育的现代社会，中国仍旧保留的是与其政治体制相吻合的德育体系和思想政治教育，公民教育只是作为德育的一部分加以推行。在中国城乡分割的二元户籍体制下出现的农民工子女和移民群体的受教育问题、高考问题都与“公平、平等、全民教育”的理念和“公平和平等”的世界教育精神相悖。在“一边倒”外交模式下建立起来的中国科学院制度仍旧是中国高等教育领域的一大特色。

此外，中国五千年的传统文化也影响着中国教育与世界教育蓝图的融合。比如，在义务教育已经成为一种在全世界高度制度化、法令化的今天，中国兴起了全日制的传统私塾；世界上大多数国家的大学都奉行“宽进严出”的原则，而中国的大学恰恰是“严进宽出”；科举精神的遗存和中国家长“望子成龙、望女成凤”的普遍心态使得“应试教育”愈演愈烈都是其表现。

第六章 国际组织帮助中国融入世界教育蓝图的途径

二战以来的现代世界是一个国家越来越弱化的社会、组织，特别是政府间的国际组织和非政府组织的大量兴起改变了现代世界的政治格局。国际组织作为现代世界社会的一个重要行动者，不仅是世界教育蓝图的建构者，同时也是传输者和践行者。它们主要通过搭建沟通和交流的平台、引入先进理念、提供政策咨询和建议、利用资金开展援助项目来影响成员国的教育政策和实践。

自改革开放以来，中国与众多和教育相关的政府间的国际组织和非政府组织建立了广泛的联系。其中，政府间的国际组织主要有联合国教科文组织、联合国儿童基金会、联合国开发计划署、世界银行、亚洲开发银行、世界卫生组织、世界贸易组织、国际劳工组织等。1996年之后，入驻中国的国际非政府组织数量也开始显著增多。根据“中国发展简报”的统计，目前在中国开展活动的国际非政府组织共有300家，国内非政府组织有728家，在所有非政府组织中开展教育活动的有296家。茆永红通过对《200国际NGO在中国》中收录的1979年至2004年期间来华的212家国际非政府组织进行研究，发现关注教育组织的占到了14.89%。[①] 因此，中国过去三十多年的教育发展，中国教育与世界教育蓝图的融合都离不开国际组织的贡献。

① 茆永红. 国际非政府组织的在华活动及影响[D]. 南京：南京师范大学，2009：24-25.

一、关系搭建

将中国纳入会员国体系、入驻中国建立办事处、开展高层会话和接纳中国职员是国际组织与中国建立合作关系的主要途径。

（一）接纳中国为会员

“会员”是指团体或组织的成员，一旦成为某团体或组织的会员，就必须受其规章条令的制约。随着1971年中国恢复了在联合国的合法席位之后，其他国际组织也逐渐重新接纳中国为自己的会员国。

1. 联合国教科文组织与中国

1971年，中国恢复了在联合国教科文组织的合法席位，重新被纳入联合国教科文组织的会员国体系，但真正的合作是在1978年之后。1978年7月，联合国教科文组织总干事阿马杜·马赫塔尔·姆博再次访华，受到邓小平的接见，姆博提出请中国派官员和专家参与教科文组织的国际和区域活动，派工作人员到教科文组织秘书处任职，得到了小平同志的积极响应。[①] 同年，联合国教科文组织与中国教育部签订了合作备忘录，双方承诺共同推进在各业务领域的合作，包括翻译出版教科文组织的刊物、派国际专家来华讲学和中国专家出国考察、在中国开办专业培训班等，开启了与中国的正式合作之路。[②]

2. 世界银行与中国

中国曾经是世界银行的创始国，但由于种种政治原因一直被该组织拒之门外。1980年4月15日，时任国务院副总理的邓小平在北京会见时任世界银行行长的麦克马拉时表示，中国愿与世界银行开展长期合作。同年5月15日，世界银行集团旗下的国际复兴银行、国际开发协会和国际金融公司恢复了中国作为成员国的合法席位，这一历史性的会见正式

① 教科文组织全国委员会秘书处．中国与联合国教科文组织合作的回顾与展望——纪念党的十一届三中全会召开暨中国教科文组织全国委员会成立20周年［EB/OL］. http://www.skycedu.com/ex/web/old/teacher/jyxx/22.htm.

② 教科文组织全国委员会秘书处．中国与联合国教科文组织合作的回顾与展望——纪念党的十一届三中全会召开暨中国教科文组织全国委员会成立20周年［EB/OL］. http://www.skycedu.com/ex/web/old/teacher/jyxx/22.htm.

开启了世界银行与中国合作的序幕。

3. 亚洲开发银行与中国

1986年2月17日，亚洲开发银行理事会第176号决议通过了中华人民共和国加入亚洲开发银行的申请，外交部部长吴学廉代表中国政府签署了接受书，拉开了中国与亚洲开发银行的合作序幕。

4. 联合国儿童基金会与中国

联合国儿童基金会对中国的援助最早可以追溯到1947年，当时的中国是联合国儿童基金会在亚洲首个开展援助的国家，并开展了第一个儿童紧急援助项目。1948年至1951年期间，联合国儿童基金会在中国开展了儿童食品救济和旨在提高母婴保健水平、卫生条件和医疗急救能力的医务人员培训项目，之后又短暂离开中国。1976年联合国儿童基金会执行主任亨利·拉布伊斯访华，开始谈判联合国儿童基金会在中国设办事处事宜；1979年联合国儿童基金会与中国政府合作的项目首次进入正式评估阶段；1981年联合国儿童基金会第三任执行主任詹姆斯·格兰特和中国对外经济联络部时任副部长程飞正式签订了联合国儿童基金会与中国的合作协定，中国正式被联合国儿童基金会接纳为会员国，标志着联合国儿童基金会在中国的工作进入了一个新的里程碑。

5. 国际劳工组织与中国

中国曾是国际劳工组织的创始国之一，1944年，中华民国还是国际劳工组织的10个常任理事国之一。中华人民共和国成立后一直被排除在该组织之外，直到1971年11月16日，国际劳工组织理事会第184次会议才根据联大的决议恢复了中国在该组织的合法席位。1983年，中国政府派了代表团参加国际劳工组织的第69届国际劳工大会，正式恢复了与国际劳动组织在各个领域的合作。

6. 联合国开发计划署与中国

中国于1972年开始参与联合国开发计划署的活动，但与该组织真正的项目合作开始于1978年，以每5年为一周期的国别合作方案进行。1975—1977年、1979年至今，我国连续当选为该署执行局（1994年2月前为理事会）的成员。

7. 世界贸易组织与中国

经过长达9年的“复关”谈判和长达7年的“入世”谈判，2001年11月在卡塔尔首都多哈召开的世界贸易组织第四届部长级会议经过协商一致，终于通过了中国加入世界贸易组织的决定，意味着中国迈向了融入国际社会的新步伐。

（二）在中国设立办事处

为了更好地与中国开展业务合作，很多政府间的国际组织和国际非政府组织都在中国设立了自己的国家或区域办事处。到目前为止，已经有23个政府间国际组织在中国设立了自己的办事处，其中涉及教育业务的有联合国教科文组织、联合国儿童基金会、联合国开发计划署、世界银行集团、亚洲开发银行、世界卫生组织、国际劳工组织等；截止到2004年，入驻中国的国际非政府组织有212个，其中涉及教育活动的组织占到了14.89%。①

中国联合国教科文组织全国委员会。1979年2月19日，在党中央国务院的批准下，中华人民共和国联合国教科文组织全国委员会（简称全委会）在北京正式成立，秘书处设在教育部，负责代表中国政府归口协调与联合国教科文组织的合作。具体职能包括：协助政府和非政府部门参与联合国教科文组织各业务领域的国际合作；评估、参与和执行联合国教科文组织的活动；负责筹备中国政府参与联合国教科文组织大会的所有事务；代表中国政府就联合国教科文组织各类文件的起草发表意见；负责向联合国教科文组织提交中国的国别计划和报告；向联合国教科文组织推荐中国籍国际职员；代表中国与联合国教科文组织的其他机构进行联络。②

联合国教科文组织驻北京办事处。为了进一步推动与中国的合作，1984年联合国教科文组织在北京设立了办事处，成立之初仅负责与自然科学相关的业务，偶尔通过参与其他联合国机构的活动来开展教育业务。1991年办事处正式设立了教育部门，目前已经拥有一支由国际教育专家、国家项目官员、项目助理和办公室助理组成的专业项目团队，通过总部拨付的预算内资金和捐赠募集的预算外资金开展合作项目。

联合国儿童基金会驻华代表处。1981年，联合国儿童基金会在北京

---

① 茆永红，国际非政府组织的在华活动及影响[D]. 南京：南京师范大学，2009:24-25.

② 中国联合国教科文组织全国委员会秘书处，联合国教科文组织驻北京办事处，编. 中华人民共和国联合国教科文组织全国委员会史迹[M]. 北京：中国联合国教科文组织，2006.

设立了专门负责中国业务的国家办事处，成立之初就设立了专门的教育处，目前已经拥有一支由1名教育处长、2名教育项目专家、5名教育项目官员和2名项目助理组成的项目团队，通过5年一周期的“教育与儿童发展”国别合作方案在中国开展教育合作项目。

世界银行驻北京办事处。为了更好地开展在中国的业务，世界银行集团于1981年在北京设立了国际开发协会和国际复兴开发银行的办事处，并在该处的人类发展部门（Human Development Sector）下设了1名教育项目经理和1名项目助理，负责世界银行在中国的教育贷款业务。

联合国开发计划署驻华代表处。联合国开发计划署于1979年正式在中国设立办事处，也是通过5年一周期的对华援助方案来开展合作项目，该办事处没有专门的教育业务部门，但设有负责教育业务的项目官员。

国际劳工组织北京局。1985年1月，国际劳工组织在中国设立了国际劳工局北京办事处，负责与中国政府、雇主、工人组织以及其他机构在国际劳工标准、技术合作、研究咨询、教育培训方面进行合作。该办事处也没有专门的教育部门，只设有负责教育业务的项目官员。

上述政府间的国际组织驻华办事处通过对华教育援助项目与国内外的相关机构建立了广泛的合作伙伴关系，将中国与国际社会紧密地联系在一起。

◇政府机构：各个国际组织办事处在中国都有一个窗口单位，负责协调该组织在中国的各项业务，联合国教科文组织的窗口单位是全委会；联合国儿童基金会和联合国开发计划署的窗口单位是商务部；亚洲开发银行和世界银行的窗口单位是财政部和发改委；国际劳工组织的窗口单位是全国妇联。教育部各司局，包括国际合作司、规划司、统计处、教师工作司、基础教育一司和二司、体卫艺司等为教育项目规划和执行提供行政上的支持和建议，省级教育厅和市县教育局负责配合各办事处教育项目的执行。

◇研究机构：国内外的各类研究机构是国际组织开展教育援助项目的技术支持单位，国内的合作机构主要有相关的大学、中央教育科学研究院、省市的教科院（所）或教育评估院、中国科学院、中国社会科学院、中国科学技术协会、全国妇联、中央电教馆、教育器材技术研究中心等；国外的合作伙伴也是大学或研究机构相关领域的专家。

◇社会团体或协会：社会团体和协会也是教育项目的技术和资源支持机构，如全国妇联为与妇女和儿童教育相关项目提供的尽可能的支持；中国成人教育协会曾为联合国教科文组织北京办事处“青年农民工教育”项目开展调研工作。

◇捐赠机构：捐赠机构为联合国教科文组织北京办事处预算外项目的主要资金来源方，包括海外政府如英国国际发展部、加拿大国际发展部、澳大利亚国际援助部、沙特政府、西班牙政府、日本政府；企业协会如美国中国商会、日本野村奖学金；联合国系统如联合国信托基金、韩国信托基金、联合国艾滋规划署等；大型企业如奥迪、保时捷移动教育中心、新世界地产、宜家等对联合国儿童基金会的捐赠；各类基金会以及个人，如联合国儿童基金会北京办事处还专门开通了网上个人捐款平台。

◇联合国系统：近年来，联合国一直在推动“deliver as one”的机构改革，因此国际组织驻北京办事处与联合国机构保持着尽可能的合作关系，办事处之间也有名义上和实质性的合作。2000年，联合国教科文组织、联合国儿童基金会、国际劳工组织、世界银行、联合国开发计划署、联合国工发组织、世界粮食计划署等组织驻华代表处在中国成立了一个“基础教育”（UN Theme Group on Basic Education）主题工作组，共同商讨基础教育的教师培训、课程改革、社区学习中心、农村教育、信息和通信教育、艾滋预防教育等问题。该工作组的秘书处设在联合国教科文组织北京办事处，主席由这些机构的代表轮流担任，工作组还会邀请中国政府、相关的教育机构和专家、国际非政府组织加入成立“扩展工作组”，共同探讨相关教育问题。

◇国际非政府组织：国际非政府组织也常常是国际组织对华教育援助项目的支持者和执行者，如英国海外志愿服务机构（VOS）、拯救儿童机构、国际规划机构、行动援助机构等。

（三）高层往来与人员派驻

中国领导人还高度重视与国际组织的高层领导保持密切往来。这种高层交往和对话有助于国际组织将自己的教育理念和政策意愿直接传达到中国政府的高层。

联合国教科文组织与中国政府之间还保持着密切的高层交往和对话。自联合国教科文组织恢复与中国的交往以来，其访华代表受到了历届中国领导人的亲切会见：1975年，周恩来总理亲自接见了首次访华的联合国教科文组织总干事姆博；1978年邓小平会见了二次访华的姆博，邓颖超会见了姆博夫人；1991年李鹏总理会见总干事费德里科·马约尔；2000年朱镕基总理会见了松浦晃一郎；2001年江泽民主席和李岚清副总理出席了“第四届九个人口大国全民教育部长级会议”，并接见了联合国教科文组织的代表；2004年国务委员陈至立出席了第28届“世界遗产大会”并会见了松浦晃一郎；2011年国家主席胡锦涛在深圳会见了联合国教科文组织的总干事伊琳娜·博科娃；2014年国家主席习近平和夫人在联合国教科文组织总部会见了总干事伊琳娜·博科娃；2015年在纪念中国人民抗日战争暨世界反法西斯战争胜利70周年大会上，国家主席习近平和夫人再次与联合国教科文 组织总干事伊琳娜·博科娃会晤，并一同探讨女童的教育问题。

中国历届国家领导人与世界银行高层领导也一直保持着密切的联系。1981年，邓小平曾接见了时任世行行长的罗伯特·麦克纳马拉；1993年和2002年，国家主席江泽民分别会见了世界银行行长刘易斯·汤普森·普雷斯顿和詹姆斯·沃尔芬森；2004年，胡锦涛主席也会见了詹姆斯·沃尔芬森行长；2010年，胡锦涛和温家宝分别会见了世界银行行长罗伯特·佐利克；2013年，李克强总理会见了现任世行行长金墉。2014年，国家主席习近平在人民大会堂会见了世行行长金庸。2017年，在“一带一路”国际高峰论坛上，习近平主席再次会见了金庸行长。

联合国儿童基金会的高层领导也经常访华，并得到中国领导人的会见。1982年，叶剑英会见了时任第三届联合国儿童基金会执行主任的詹姆斯·格兰特；2004年，国务院副总理吴仪在北京接见了联合国儿童基金会执行主任卡罗尔·贝拉米；2010年，国家副主席习近平和国务委员刘延东、陈至立在北京分别会见了联合国儿童基金会的执行主席安东尼·莱克。2017年，国务院副总理刘延东再次会见了来华参加“一带一路”国际高峰论坛的联合国儿童基金会执行主席安东尼·莱克。

除了和国际组织高层领导的往来和对话，中国也非常重视派遣人员参与国际组织的相关会议和活动。积极向国际组织总部派遣职员，鼓励中国人到国际组织的区域和国家办事处任职，这也有利于国际组织的教育理念和政策在中国的传播。

中国自1972年首次派出驻法大使黄镇为团长的中国政府代表团出席联合国教科文组织在巴黎召开的第17届大会以来，每次都派了大使、教育部部长或副部长级别的官员率团参加联合国教科文组织的历届大会。此外，还派官员担任联合国教科文组织执行局和委员会的相关职务，派代表常驻联合国教科文组织总部。2010年4月，唐虔被任命为联合国教科文组织负责教育事务的助理总干事；2013年11月，中国教育部副部长郝平在第37届联合国教科文组织大会上当选为新一届主席，任期两年，这些都标志着中国政府与联合国教科文组织交往层级的不断提升。除了到联合国教科文组织总部任职，近年来在联合国教科文组织区域办事处和驻北京办事处的中国职员数量也越来越多。

中国是联合国儿童基金会执行局的成员之一，但截至2018年，联合国儿童基金会执行局的官员名单中还未出现过中国人。但是，联合国儿童基金会驻北京办事处聘用了大量中国本土职员。

随着中国与世界银行合作的进一步加深，到世界银行总部和国家办事处任职的中国职员也越来越多，世行高层管理人员名单中已经有几位中国职员了，而世界银行驻北京办事处一半以上的职员都是中国人。

二、理念引领

说服中国签署与教育相关的国际公约、宣言、建议，邀请中国参加、主办或承办国际教育交流会议，发行、翻译、出版中文的国际组织文件和研究报告等，是国际组织向中国传达普世性教育理念的主要途径。

（一）条约签署

公约、宣言和建议是国际组织为了解决某种问题、倡导或推行某种理念而起草和颁发的一种条约。

“公约”(convention)，是指各会员在政府间的国际组织的推动下，基于自愿和协商一致的原则，就某个领域的问题所达成的多边条约。国际公约的通过必须得到三分之二以上的会员同意，需要得到会员的批准、接受或加入（ratification, acceptance or accession），一旦获得通过，并得到会员的批准，就会对会员产生法律约束力。

“宣言”(declaration)，是指国际组织及其主办的国际会议在各个会员共识的基础上就特定的议题所提出的普遍性的原则、目标、途径与方法。宣言虽然不具有法律约束力，但鉴于宣言的严肃性和重要意义，宣言本身往往带有强烈的预期，即希望能够得到国际社会成员的共同遵守。因此，随着这些预期逐渐被会员的实践合法化，宣言也就逐渐成为一种对会员具有约束力的规则。

“建议”(recommendation)，是指国际组织的全体大会通过的有关特定问题的建议性准则和规范，它无需得到全体大会三分之二以上会员的同意，但必须得到简单多数会员的通过。建议是一种比较软性的国际规则，不会导致会员承担相应的法律义务，但是各个会员可以根据自己的法律和实际情况采取相应的措施，将建议的内容应用到本区域的改革与发展中去。

为了应对国际社会在教育方面所面临的共同挑战和问题，国际组织，特别是联合国教科文组织单独或与其他组织共同起草和颁发了大量与教育相关的公约、宣言和建议。在各国共识基础上颁发的这些条约凝聚着国际社会就教育问题的一致看法，也传达着普世性的人类精神。在联合国教科文组织的邀请和中国联合国教科文组织全委会的协调下，中国已经签署了大部分与教育相关的公约、宣言和建议，这些条约通过硬性的法律约束力和软性的权威引导着中国教育的发展方向。

表38　中国所签署的国际公约、宣言和建议

公约	►《儿童权利公约》，1990年签署，1992年生效 ►《经济、社会与文化权利国际公约》，1997年签署，2001年批准 ►《消除对妇女一切形式歧视公约》，1980年加入，1980年生效 ►《技术与职业教育公约》，1989年加入 ►《联合国气候变化框架公约》1992年签署，1994年生效 ►《公民权利与政治权利国际公约》，1998年签署，尚未生效 ►《保护非物质文化遗产公约》，2004年签署 ►《残疾人权利公约》，2007年签署，2008年生效 ►《修订的亚太地区承认高等教育资历公约》，2011年签署
宣言	►《世界人权宣言》，1998年签署，尚未生效 ►《全民教育宣言》，1990年签署 ►《萨拉曼卡宣言》，1994年签署 ►《联合国千年宣言》，2000年签署 ►《世界文化多样性宣言》，2001年签署
建议	►《关于高等教育教学人员地位的建议书》，1997年加入 ►《修订的关于技术与职业教育的建议书》，2001年签署

此外，国际组织还会以意见书、立场说明、指导性文件、要点阐述等形式对这些国际条约的内容给出进一步的阐释；通过行动指南、监测框架、工具包等形式为各成员的操作和执行提供指导；通过“十年活动”或“世界日”的形式在全世界进行推广。例如，针对《联合国千年宣言》出台了《联合国千年发展目标》及具体的监测指标；《世界全民教育宣言》有配套的《满足基本学习需要的行动纲领》《达喀尔行动纲

领》及全民教育全球监测指标；《萨拉曼卡宣言》也配有《全纳教育指南：确保通向全民教育》和《全纳教育政策指南》；而世贸组织的“教育服务贸易”也有《跨境高等教育质量保障措施指南》来引导各成员如何实施监督。“联合国可持续发展十年”“联合国文化和睦国际十年”“联合国扫盲十年”“联合国妇女十年”以及“世界母语日”“世界国际儿童图书日”“世界环境日”“国际聋人日”“国际盲人节”“世界人权日”等，也是对“平等”“全纳”“可持续发展”教育理念的一种宣传。

（二）会议交流

国际会议是探讨全球教育议题，传播国际教育理念，交流各国教育经验的平台。

作为联合国教科文组织的会员国，中国自1972年以来已经派代表团参加了该组织的22届大会和第三、第四届特别大会。除此之外，中国政府也积极参加了由联合国教科文组织与其他国际组织共同主办的与教育相关的国际会议。

1990年，中国政府首次率团参加了联合国教科文组织、联合国儿童基金会、世界银行、联合国开发计划署等在泰国宗迪恩举办的“世界全民教育大会”；1994年派团参加了联合国教科文组织等在西班牙萨拉曼卡举办的“世界特殊教育大会”；2000年，中国政府派出了以张崇礼为团长的代表团出席了联合国教科文组织等在塞内加尔首都达喀尔举行的“世界全民教育论坛”，介绍了中国开展全民教育的经验和面临的挑战。此外，中国政府还派代表团出席了历届“九个人口大国全民教育部长级会议”和“全民教育高层会议”。在成人教育和职业教育领域，联合国教科文组织都有专门的主题会议，中国政府也是积极派团出席。2014年，中国还出席了联合国教科文组织在日本举办的主题为“今天的学习是为了一个可持续的未来”的“世界可持续发展教育大会”。

此外，中国的高等教育财政政策也深受经合组织的影响。早在2000年，经济合作与发展组织（以下简称经合组织），就曾派代表团来华考察，双方在北京召开了“高等教育发展政策国际研讨会”，探讨了高等学校扩招、私人融资与民办教育、高等教育质量、高等教育的准入和平等、终身教育以及政府对高等教育的指导等主题。[①] 2004年7月，经合

① 范文曜，闫国华．高等教育发展的财政政策——OECD与中国[M]．北京：教育科学出版社，2005:221.

组织与中国政府又在北京召开了“高等教育发展与财政政策国际研讨会”，来自教育部、财政部、国家发改委等中央部委的官员，各省级教育行政部门的负责人，各院校的大学校长以及教育政策研究机构的专家学者，经合组织的高级教育行政官员和教育政策机构的研究人员，英国、美国、法国、瑞士、奥地利和墨西哥等国的代表出席了此次会议。会议就“政府高等教育财政政策的优先选择、大学经费来源多样化趋势、高等教育质量评价多样化、就业市场与高等教育发展”四个专题进行了研讨。

除了受邀参加国际组织主办的各类国际教育会议，中国政府还主动申请主办或承办了很多大型的国际教育会议。以“全民教育”为例，中国已经举办了“九个人口大国全民教育部长级会议”“全民教育高层会议”“中国全民教育国家论坛暨全民教育全球监测报告发布会”等国际会议，每次会议都会邀请政府间的国际组织、国际非政府组织、中国各级教育行政机构、中央相关部委、高校和研究机构、新闻媒体的代表参会，教育部也会派高层领导人参会，这些会议从各个渠道推动了中国社会各界对“全民教育”理念的认识和接纳。2012年5月，中国政府还与联合国教科文组织一起在上海共同举办了主题为“改革职业技术教育与培训：培养工作和生活技能”的“第三届国际职业技术教育大会”，100多个国家、80多个国际组织的近千名官员和专家出席了会议。

除了与政府间国际组织的会议合作，中国还通过教育领域的各专业协会与国际非政府组织之间保持着密切的会议往来。2000年11月，中国与国际科学理事会在北京共同举办了“小学科学与数学教育国际会议”，来自国内外的科学家、科学和数学教育工作者200多人参加了会议。中国比较教育学会不仅单独举办了五届国际比较教育论坛，而且重返了世界比较教育联合会并积极参与它们举办的国际会议。2016年8月，中国教育学会比较教育分会在北京师范大学主办了第16届世界比教育较大会，并邀请了联合国教科文组织总干事伊琳娜·博科娃做大会主题发言。2017年9月，北京师范大学举办了第六届世界比较教育论坛。

（三）宣传出版

官方网站和出版物是国际组织宣传教育理念的两条重要渠道。

在这个互联网信息非常发达的现代世界社会，网站成了获取资源和信息的一种重要渠道。几个大型的政府间的国际组织如联合国教科文组织、联合国儿童基金会、联合国开发计划署、世界银行、国际劳工组织、经济合作与发展组织等都有自己的官方网站。此外，联合国教科文组织、联合国开发计划署、联合国儿童基金会和世界银行的北京办事处还专门建立了自己的官方网站，通过中文或英文介绍它们在中国开展的各项业务。这些网站的建立和推广对于国际组织宣传自己的理念非常有效，它们是国内专家学者和新闻媒体获取研究资料和信息的主要渠道，通过他们的研究发表和新闻报道，这些理念在更大范围得到传播。

网媒虽然是现代社会的主流媒体，但纸媒依然在传播领域中发挥着独特的作用。对于一些重要的国际教育文件、研究报告、监测报告、统计工具等，国际组织都有相关的纸质出版物。就“终身教育”来说，虽然没有以公约、宣言和建议等国际法律文件的形式来推行，但该领域的研究报告在国际社会的影响力不亚于公约的强制约束力。自1965年“终身教育”的概念提出以来，联合国教科文组织所组建的国际专家委员会已经就该领域的议题出版了五部专著：《终身教育导论》（1970，中译本1988）、《学会生存——教育世界的今天和明天》（1972，中译本1979）、《今日的教育为了明日的世界》（1977，中译本1983）、《教育：财富蕴藏其中》（1996，中译本1996）、《汉堡成人学习宣言》和《未来议程》（1997），这些颇具影响力的著作一经出版就得到了中国社会的广泛关注，并陆续发行了中文版。为了宣传“全民教育”理念，联合国教科文组织自2002年开始，每年发布一份《全民教育全球监测报告》完整版和一份《摘要》，每份报告和摘要都有中文版。

除了正式出版的著作和研究报告之外，国际组织还会印发各种宣传教育理念的小册子在相关人群中免费发放。

三、政策建议

国际组织还会通过发布研究报告为中国教育政策的制定提供建议。研究报告分为两种类型：一种是全球层面的战略报告，中国只是作为其中的一部分；另一种是专门针对中国教育现状而提供的研究和咨询报告。

中国作为国际组织的成员，理所当然地会受到这些组织所发布的全球层面战略报告的影响，如“全民教育”“全纳教育”“职业技术教育”

"全民学习""可持续发展教育""终身教育与学习型社会"等。世界银行于2011年发布的世界银行集团教育战略概要《全民学习：投资于人们的知识和技能以促进发展》，就明确了世界银行在未来十年对教育领域投资重点的转向，即关注职业和技术教育，并且是惠及全民的技能学习。这份战略就是基于"以中国、印度和巴西为首的中等收入国家以惊人的速度崛起，加强了很多国家希望通过培养更多高技能的劳动力来提高国家竞争力的愿望"①而提出来的，因此对中国未来教育政策的制定和教育投资方向提供了很好的参考。

经合组织所开展的"国际学生评估项目"结果报告和"教育概览指标"统计报告以及联合国教科文组织统计研究所发布的全球教育监测报告等，都会在国际比较的基础上为成员国未来教育政策的制定提供一些参考建议，各国也可以根据这些报告比较自身的优势与不足，作为科学教育决策的参考。

除了全球性的战略报告、测评和监测报告，由国际组织驻北京办事处所发布的专门针对中国教育实情的调研报告则更有针对性，为中国教育政策的修订提供了更重要的依据和更具体的建议。联合国教科文组织、联合国儿童基金会和世界银行北京办事处的教育项目中都有就某个教育领域的专门调研报告。

2008年，联合国教科文组织北京办事处在联合国驻华协调处（United Nation's Resident Coordination, UNRC）的牵头下申请到了"千年发展目标基金"来支持中国，其中的"文化与发展合作框架"、"青年流动人口就业"和"儿童营养与食品安全"下都设有教育项目。联合国教科文组织北京办事处教育部门也开展了少数民族基础教育政策研究。联合国教科文组织委托中央民族大学教育学院对现行的所有有关少数民族的教育政策文件进行了系统梳理和分析；并在此基础上对云南、贵州和青海的4个县和1个县级市的12所学校的少数民族基础教育政策执行情况做了全面的调研；最后撰写并发布了中国少数民族基础教育的政策建议报告和调查个案分析报告。这些报告为教育部和省级教育厅修订和调整教育政策提供了一手的参考数据。

2010年，为了庆祝中国与世界银行合作三十周年，时任世界银行行

---

① 世界银行集团．全民学习：投资于人们的知识和技能以促进发展[J/OL]. www.worldbank.org/educationstrategy2020.

长的罗伯特·佐利克提出与中国国务院发展研究中心联合开展一项面向2030年的中国发展战略研究。2013年，联合课题组发布了他们的最新研究报告《2030年的中国：建设现代、和谐、有创造力的社会》，其中专题报告四“所有人享有均等机会和基本保障”提出了中国未来的教育发展方向：教育必须平等，让所的孩子拥有公平的起点；关注农村和贫困儿童的早期营养和教育；让更多人获得可负担的中等教育（对农村的高中教育和城市贫困家庭实行免费政策）。[①] 此外，世界银行北京办事处每五年发布一次针对中国的《国别伙伴战略》，这也是世行立足中国国情，契合中国五年发展规划而为中国教育改革提供的重要建议。除了总的战略报告，北京办事处的教育贷款项目中也有一些就某个具体教育领域或问题而开展的研究咨询类项目，如“广东职业教育贷款”项目除了有实地的学校改进项目之外，还有针对全国层面未来职业教育领域改革和政策建议的研究项目。

联合国儿童基金会北京办事处的教育援助项目也分实地项目和研究项目。其中研究项目是利用总部拨付的常规资金就当前中国教育领域的问题开展具有前瞻性的政策研究、调研或标准开发，如“农村寄宿制校长、教师专业标准开发”“少数民族寄宿制学校学生的意愿和学习情况调研”“爱生学校标准研究”等。联合国儿童基金会提倡的“爱生理念”和开发的“爱生标准”已经被纳入到中国的教育政策文件之中，并正在以教育部的名义向全国推广。

此外，2000年，联合国教科文组织、联合国儿童基金会、国际劳工组织、世界银行、联合国开发计划署、联合国工发组织、世界粮食组织等组织驻华代表处在中国成立的“基础教育主题工作组”是国际组织向中国政府提交政策建议的一个重要渠道。2009年，该主题工作组向正在征集意见的“国家中长期教育改革和发展规划纲要”工作委员会提交了国际组织就规划纲要的政策建议书。

四、项目援助

时至今日，大多数国际组织都已经与中国走过了三十年的合作之

① 世界银行与国务院发展研究中心联合课题组. 2030年的中国：建设现代、和谐、有创造力的社会[M]. 北京:中国财经出版社，2013:57-58.

路。因此，中国改革开放以来的教育发展与成就也离不开国际组织各方面的大力援助，其中资金援助和技术支持是各个国际组织对中国进行教育援助的共同途径。

（一）资金援助

资金援助是国际组织对华教育援助的主要方式，其中又分为两种形式：一种是无偿赠款援助，一种是有偿贷款援助。世界银行的援助项目是以贷款为主，赠款为辅；其他国际组织的援助基本上都是无偿的捐赠。国际组织通过少量的“种子”捐赠资金或大量的“贷款”资金在中国，特别是广大的中西部贫困和少数民族地区开展了大量的教育实地援助项目，将先进的国际教育理念播撒在了中国落后的土地上。

1. 联合国教科文组织

联合国教科文组织对中国的教育援助属于无偿捐赠型，其经费主要有两种来源：一种是来自成员国按比例所缴纳的会费，称为预算内常规经费；另一种是个人、团体委托联合国教科文组织帮助实现某项具体目标而捐赠的资金，称为预算外经费。其中，常规经费占到50%以上，所以联合国教科文组织对会员国的依赖比较大，这也是为什么美国退会对它造成很大打击的原因；联合国教科文组织不太重视筹资能力建设，欠缺争取捐赠和赞助的经验，筹款周期长、反馈机制薄弱，且对预算外项目收取较高的中介费（7%~13%），导致联合国教科文组织的预算外经费较少。联合国教科文组织用于中国的教育项目经费主要来自总部的预算内拨款，从2002年到2013年，总部拨款达到3,709,398.85美元，但拨款数额在逐年缩减，如表39。

表39　联合国教科文组织北京办事处的预算内教育经费①

时间（年）	预算内教育经费（$）
2002—2003	810,500.00
2004—2005	909,472.00
2006—2007	822,057.64
2008—2009	624,227.51

① 笔者实习期间在UNESCO北京办事处财务处的统计。

（续表）

2010—2011	378,204.70
2012—2013	164,937.00
总计	3,709,398.85

联合国教科文组织北京办事处也通过总部从海外政府（英国、加拿大、澳大利亚、沙特、西班牙和日本等）、企业协会（美国中国商会）、联合国系统（联合国信托基金、联合国艾滋规划署）、基金组织和个人团体募集预算外资金用于中国的教育援助项目。根据能够统计到的资料，联合国教科文组织北京办事处募集到的用于教育项目的预算外经费约有4,333,959.15美元（实际多于该数额）。

表40　联合国教科文组织北京办事处的预算外项目[①]

预算外项目名称	时间（年）	来源	资金数额（$）
儿童营养与食品安全	2009—2013	西班牙政府	209,964.66
青年就业与流动项目	2009—2012	西班牙政府	441,499.94
文化发展合作框架	2008—2012	西班牙政府	226,699.83
四川地震灾后援助项目	2010—2011	沙特政府	500,000.00
消除对妇女的暴力	2009—2012	联合国信托基金	51,857.73
提高基础教育质量项目	2001—2010	意大利政府	1,460,086.99
学校援建项目	1998—2007	办事处自筹	1,443,850.00
亚太分地区扫盲扶贫项目	1999—2001	日本信托基金	

① 笔者对UNESCO北京办事处文件进行的统计。

（续表）

亚洲三大国农村妇女多渠道教育	1997—2001	联合国教科文组织总部	
为失学儿童提供基础教育和社会保障	2000—2001	联合国教科文组织雅加达办事处	
通过产生互动式教材培养中小学环境教育能力	1998—2000	联合国开发计划署	
联合国人类安全保障基金项目	1999—2000	日本政府	
总计			4,333,959.15

此外，办事处从2003年至2013年专门用于开展艾滋病教育的项目有19个，募集到的捐赠资金达2,271,470.72美元。

表41 联合国教科文组织北京办事处的艾滋教育项目[①]

时间（年）	来源	资金数额（$）
2012—2013	联合国艾滋规划署和福特基金会	138,000.00/12,000.00
2010—2012	联合国艾滋规划署	150,000.00
2009—2011	美国商会	307,918.00
2008—2009	联合国艾滋规划署	23,470.00
2006.1—2007.12	联合国艾滋规划署	84,200.73
2007—2010	英国国际援助部	240,000.99
2008—2009	联合国艾滋规划署	150,000.00

① 笔者在UNESCO办事处艾滋教育项目官员的协助下进行的统计。

（续表）

2006.1 2007.12	联合国艾滋规划署	300,000.00
2005—2006	联合国艾滋规划署	70,000.00
2005—2007	欧佩克石油输出组织	240,000.00
2004—2005	慈善基金	5,000.00
2005.2- 2005.11	联合国教科文组织曼谷办事处	3,544.00
2005—2006	魁北克移民组织	20,000.00
2005.3— 2005.6	联合国教科文组织曼谷办事处日本信托基金	5,157.00
2004—2005	联合国艾滋规划署	10,000.00
2005.5- 2005.12	联合国教科文组织曼谷办事处	8,500.00
2004—2005	豪格朗德基金会/美国中国商会/大板大学经济和法学院	20,000.00 /25,000.00 /20,000.00
2003—2005	联合国艾滋规划署	85,500.00
2005.4- 2005.7	联合国艾滋规划署	353,180.00
总计		2,271,470.72

联合国教科文组织是预算内和预算外经费划分明确，一般不混合开展项目或相互挪用。鉴于预算内经费短缺、双年度工作计划目标众多，导致预算内的项目时间短、规模小、范围广，因而重点关注农村扫盲、职业技术、少数民族、妇女儿童、残疾儿童、信息和通信技术、环境和可持续发展、艾滋预防教育、基础教育和教师教育等方面。预算外项目则根据捐赠者的意愿而设立，一般资金和时间都较为充裕，可以开展大型的培训和调研活动。

2. 联合国儿童基金会

联合国儿童基金会的对华教育援助也是无偿捐赠型，且援助资金较为充沛。联合国儿童基金会的经费分为“常规”和“其他”两种，常规资金来自各国政府、企业和个人自愿捐款的总和，用于联合国儿童基金会的总体方案；其他资金是联合国儿童基金会向个人、企业和国家筹措的，用于某一特定国家或特定项目。联合国儿童基金会具有非常完善的筹款机制和强大的筹款能力，经费来源有多种渠道，包括联合国的下属机构、成员国政府、设在发达国家的37个全国委员会、企业、基金会、社会机构和个人等，但拒绝接受烟酒和奶粉企业捐赠。由于中国经济的快速发展，总部拨付用于中国教育援助的常规经费也在逐年减少，但同时放宽了在中国自筹经费的限制和门槛。联合国儿童基金会驻华办事处是唯一一家在中国民政部注册的可以在中国境内筹集资金用于援助中国的国际机构，由新闻宣传处专门负责筹款。联合国儿童基金会北京办事处通过该平台向企业和个人募集了大量的教育援助资金。

联合国儿童基金会驻华代表处成立于1982年，目前已经和中国进行了六个周期的合作，截止到2008年年底共为中国的儿童事业提供了超过4.95亿美元的无偿援助资金，开展了150多个项目，[①] 涉及卫生与营养、教育、儿童保护、社会政策、艾滋病、水与环境卫生、突发事件七大领域。对于该办事处自成立以来为中国的教育项目提供了多少援助资金无证可考，但从联合国儿童基金会北京办事处教育处每个周期（5年）的资金总额中可见一斑：2006—2010年周期，教育处的常规资金是800万美元，代筹限额是400万美元，总共1200万美元；2011—2015年周期，常规资金不变仍然是800万美元，但代筹资金的额度提高到了2000万美元，总共达到了2800万美元。

联合国儿童基金会北京办事处的“常规资金”和“自筹资金”都要纳入五年国别合作方案之中统一分配，在教育方面主要投资于儿童早期发展、爱生学校和青少年发展三大领域。常规资金通常用来支持具有前瞻性的研究、评估和标准制定活动；自筹资金会考虑捐赠者的意愿，结合联合国儿童基金会教育处的使命和优先领域开展实地项目，如“迪士尼支持的教学改进项目”“古奇和喜来屋酒店集团支持的社会情感学习

① 许鑫. 共同为中国儿童的美好未来而努力——专访联合国儿童基金会驻华代表魏英瑛博士[J]. 中国民族，2010(9):34-39.

项目”等；对于个人捐赠的小额资金有明确的分类，个人可以根据自己的意愿选择捐款的部门和项目，新闻和宣传处统计后会把捐赠给教育项目的资金划拨给教育处，并告知捐赠意愿，再由教育处来具体操作。

随着中国社会和经济方面的快速变化，教育发展也不断遇到新的问题与挑战，联合国儿童基金会对中国的教育援助重点和方式也在不断调整。在项目重点方面，教育规划、管理和监测，远程教育，非正规教育，早期儿童发展，贫困地区基础教育一直是重点，从2006—2010年周期开始，贫困地区的基础教育以“爱生学校”的形式开始推广。“爱生学校”项目自开展以来取得了很好的效果，已经从基础教育领域开始向两头扩展，涵盖了早期教育和青少年教育，并把“爱生”的理念贯穿到了联合国儿童基金会的所有教育项目之中。从2011年新的周期开始，又在“爱生”理念中加入了新的“社会情感学习”要素，丰富了“爱生教育”的理念和实践。此外，从“爱生学校”项目实践中所开发的“爱生学校标准”还被中东部发达地区的学校所采纳，作为评估学校是否合格的依据，“爱生理念”也进入教育政策的话语体系之中。

项目合作方式也从最初的“服务供给、能力建设”转变为“能力建设、技术援助、服务供给”再到“支持政策的开发与改善、打造以结果为依据的可示范和可推广的典型案例、鼓励地方的参与和创新”。

表42　联合国儿童基金会三个周期的教育项目重点变化[①]

1996—2000年周期	2000—2005年周期	2006—2010年周期
加强教育规划与管理； 促进贫困地区初等教育； 远程教育； 调整教育内容和过程； 非正规教育	教育规划、管理与监测；贫困和处境不利地区基础教育； 远程教育； 早期儿童护理与发展； 非正规教育	教育政策、规划与监测； 爱生学校与学习质量；早期儿童发展； 非正规教育

3. 世界银行

世界银行北京办事处对中国的教育援助既有有偿的贷款，也有无偿

① 注：联合国儿童基金会驻华代表处项目官员郭晓平老师的总结。

的捐赠。世界银行的经费来源也主要有以下几个渠道：各成员国在加入时按比例认购的股份；通过在国际金融市场发放融资债券获得的收益；投资和贷款获得的业务净收益；成员国偿还的贷款。1999年之前，中国的贷款主要来自国际开发协会，可以享受长期的无息贷款；根据中国的经济发展水平，1999年7月之后中国从国际开发协会"毕业"了，开始向国际复兴银行寻求低息贷款。中国的教育项目除了能获得世界银行总部批准的贷款之外，还能获得一些赠款和信托基金的资助。

从1981年到2012年6月，世界银行对中国的贷款总额已超过504.1亿美元，共支持了349个发展项目，涉及环境、交通、城市和农村发展、能源、水资源管理和人类发展各个领域。教育援助项目共23个，总额达18.874亿美元，其中由国际复兴银行提供的硬贷款为4.453亿美元，由国际开发协会提供的软贷款为14.421亿美元。

表43　世界银行的对华教育援助项目统计[①]

项目名称	时间	国际复兴开发银行百万（$）	国际开发协会百万（$）	总额百万（$）
大学发展项目	1981.6.23—1986.6.30	100．00	100.00	200.00
农业教育和研究项目	1982.11.2—1989.3.31		75.40	75.40
地方大学和电视大学项目	1983.9.13—1992.6.30		85.00	85.00
第二农业教育项目	1984.6.14—1992.6.30	45.30	23.40	68.70
第二大学发展项目	1985.2.26—1992.12.31		145.00	145.00

① 世界银行驻华代表处．业务概览［M］．2012:18.（内部资料）

（续表）

地方大学项目	1986.3.25—1992.12.31		120.00	120.00
教师培训项目	1988.5.24—1993.12.31		50.00	50.0
教材开发项目	1989.4.18—1995.6.30		57.00	57.00
职业教育项目	1990.3.27—1996.12.31		50.00	50.00
重点学科发展项目	1991.2.26—1998.12.31		131.20	131.20
贫困省教育发展项目	1992.2.10—1999.12.31		130.00	130.00
师范教育发展项目	1993.3.16—1999.12.31		100.00	100.00
贫困及少数民族基础教育项目	1994.9.6—2000.12.31		100.00	100.00
劳动力市场发展项目	1995.12.19—2005.12.31	10.00	20.00	30.00
第三贫困地区基础教育项目	1996.3.21—2001.12.31		100.00	100.00
职业教育改革项目	1996.7.2—2002.12.31	10.00	20.00	30.00
第四基础教育项目	1997.5.27—2003.9.30		85.00	85.00
高等教育改革项目	1999.5.18—2005.9.30	20.00	50.00	70.00

（续表）

西部地区基础教育发展项目	2003.9.9—2009.6.30	100.00		100.00
广东省职业教育发展项目	2009.6.2—2014.12.31	20.00		20.00
农民工培训与就业项目	2008.6.25—2012.8.31	50.00		50.00
辽宁、山东职业教育发展项目	2010.6.1—2015.12.31	40.00		40.00
云南省职业技术教育与培训项目	2012.5.15—2017.12.31	50 .00		50.00
总计		445.30	1442	1,887.3

在众多国际组织中，世界银行以其雄厚的资金优势成为中国教育项目的最大贷款来源；联合国儿童基金会是以其独特的资金募集渠道成为最大的资金援助机构；联合国教科文组织尽最大的努力为中国争取了很多预算外的教育援助资金；国际劳工组织也利用有限的资金对中国的未成年工人、妇女、农民工等群体进行培训，涉及劳动权利的宣传，预防以劳动剥削为目的的拐卖，安全、劳动、生活与就业技能的培训，旨在让所有人都能“体面的工作”。国际非政府组织通常是通过与政府间国际组织合作开展项目，或提供资金援助，或提供其他资源来支持中国的教育事业。

（二）技术支持

国际组织在中国的教育援助项目主要以调查研究、培训、教辅材料开发的形式进行。在项目规划、执行、评估的整个过程或部分环节，国际组织都会用专项资金聘请国内外本领域的专家为项目做技术支持。专家和学者一般都是本学科领域的专业权威，他们拥有专业的知识、技能和一定的实践经验，知晓国际教育趋势，国际组织聘请他们作为项目的咨询顾问和技术支持，也是对专业教育知识和国际教育理念的一种传播。

培训涉及的人群相当广泛，既包括国际组织自身的项目团队成员，也包括中国的教育行政官员、专家学者、学校校长、学校行政管理人员、教师、学生和其他参与项目的人员。

联合国儿童基金会北京办事处有一个专门的“规划、监测和评估处”，负责为办事处的教育项目人员做项目规划、执行、监测和评估的培训。联合国教科文组织也会聘请专家对项目执行人员进行培训，如在“少数民族基础教育政策”调研项目中，就请了丹麦罗斯基尔德大学乌拉·麦德森教授和联合国教科文组织北京办事处的国际项目专家毕斯塔对项目调研团队进行了专业培训。

国际劳工组织的项目非常注重对本土专家的培训，负责教育业务的项目官员在访谈中说“如果国内有相关领域的专家就倾向于请国内专家，如果国内专家不够就先培养国内专家，到都林去培训或请国际专家过来培训，这是我们的目标，立足本土培养自己的骨干专家，在本省甚至本县项目依然可以进行下去”。

省、市、县的教育行政部门的官员也常常受邀参与培训活动而成为培训对象，也有专门针对教育行政人员的培训活动，如联合国教科文组织曾经开展过“教育规划培训”以及“少数民族基础教育政策项目”，第三个年度计划专门开展了国家级和省级专题研讨会，并编写了相关的培训教材。

学校校长、学校行政管理人员和教师是项目的主要培训对象。联合国儿童基金会针对“爱生学校”项目和“社会情感学习”项目聘请了中外的专家团队共同开发了适合中国教育现实情况的培训教材，包括校长培训手册、教师培训手册等，并组织专家对项目学校的校长、行政人员和教师进行了多次培训。世界银行的“广东省职业教育项目”也聘请了国内外本领域的专家为项目学校的相关人员进行了培训。世界银行的培训活动是与评估活动一起开展的，根据评估结果及时发现问题、难题和挑战，然后请专家根据评估结果进行有针对性的培训，效果非常好。

除了对校长、教师进行专业方面的培训，国际组织在项目执行过程中也会对项目人员进行项目管理方面的指导和培训。经过长期的项目合作，国际组织所推行的科学和量化的管理监测模式也在项目单位得到了推广。

培训活动常常伴以大量的培训教材和辅助材料，这些材料以及培训活动本身都是对国际组织所倡导的教育理念和教育方法的一种宣传和推广，比如爱生理念、终身教育、全民学习、科学测评、参与式学习方法和以学生为中心的教学等。

第七章 结语

一、世界教育蓝图已经形成并初具雏形

二战以来的现代世界是在欧洲国家社会模式和西方理性文化的基础上发展起来的一个世界社会，它是文化意义上的“想象的共同体”，也是一个由共同的文化规则主导的世界生态系统。“国家”“组织和协会”“个人”逐渐在历史和文化的变迁中被建构成为现代社会的主要“行动者”，取代了传统的宗族、部落、教会、家庭等社会实体。它们作为现代社会的主要行动者，以“社会他人”身份通过扮演“代理者”（为自身、为其他社会实体、为非社会实体、为文化规则而代理）的角色，利用科学知识的权威，建构着指导社会行动者行为的“文化脚本”。社会行动者的建构、社会运动的发展、文化系统本身的演进，三者相互影响，共同促进了现代世界社会文化蓝图的形成。

教育作为国家培养公民的一种手段，将现代世界两个高度制度化的社会实体——国家和个人连接起来，而成为一种基本的社会制度。国家、组织和协会、个人作为现代社会文化蓝图的主要建构者，同时也是世界教育蓝图的建构者：它们通过扮演“社会他人”的角色，为世界教育的发展提供各自的理念、方案和最佳实践。

国家对世界教育蓝图的建构：比如新加坡与美国等西方国家所倡导的自由主义教育、创新与批判性思维，韩国、日本、中国等亚洲国家中

流行的影子教育（课外补习教育），美国的世界一流大学和MBA教育模式，德国的义务教育法和职业技术教育，英国的中小学教育督导制度，芬兰教育模式，苏联的科学院体制、注重记忆的知识教育和对教育公平的追求，法国的精英高等教育，印度的IT教育，中国的孔子学院和书院等。

组织和协会对世界教育蓝图的建构：国际组织在全球层面对全民教育、全纳教育、终身教育和学习化社会、环境教育、可持续发展教育、和平与文化多样性教育、跨境教育、全球教育统计和测评、人权教育、远程教育、扫盲教育、妇女儿童残疾人等社会边缘化弱势群体的教育、知识社会等理念的倡导和推广，其他组织如上海交通大学、泰晤士报等对世界大学排行榜的开发，国际非政府组织对“个人主义、普世主义、理性主义和世界公民”等理念的宣传和倡导。

个人对世界教育蓝图的建构：个人利用科学的权威和自身的专业知识不断为教育贡献新的思想和内容，比如心理学家和教育学家对“自闭症”“难语症”“抑郁症”群体的定义和相关教学方法、教材的开发；教育技术专家对在线教育工具的开发和远程教育的贡献；经济学家对人力资本与教育关系的研究对教育投入政策的影响；学前教育专家对早期教育理论和方法的贡献；教育统计测评专家对全球教育监测和评价工具的开发；成人教育学家对终身教育理念的贡献等。

除了社会行动者的建构，世界文化系统的变迁和社会运动的爆发也在一定程度上影响着世界教育蓝图的形成和取向，比如现代世界文化所倡导的“正义与平等、进步与发展、和平与民主、科学与人权”等理念对教育价值观的影响；民权运动对少数群体、社会边缘群体受教育权利的诉求和倡导也在影响教育的普及和覆盖范围。

在现代社会中，所有社会行动者都在通过不同方式为世界教育蓝图提供自己的理念和方案，但是，只有那些符合人类社会集体利益的理念、方案和实践才会得到广泛认可而在全球层面得以制度化，成为世界教育蓝图的核心要素，引导各类社会实体的教育行为。

因此，在社会行动者、社会运动和文化系统的相互作用下，一幅文化生态意义上的世界教育蓝图已经形成并且初具雏形，它引导着各国教育政策的制定和教育实践的发展。

二、世界教育蓝图引领着中国教育的发展方向

中华人民共和国自1949年成立以来，其教育发展经历了“苏联一边倒”模式，也经历了“文化大革命”时期的故步自封，使得中国近三十年的教育发展较为封闭与落后，与世界教育发展趋势存在较大的差距。1978年的“改革开放”政策将新中国重新推向了世界舞台，外交政策转向，与西方国家恢复或建立正常的邦交关系，恢复在国际组织的合法席位或重新加入一些新兴的国际组织，允许国际非政府组织在中国的活动，这都为中国教育的发展打开了通往世界的窗户。

国际组织作为世界教育蓝图的重要建构者和传输者，在帮助中国融入世界教育蓝图中发挥了重要的作用。

政府间的国际组织与中国政府保持密切往来。他们邀请中国政府参加它们举办的国际教育会议，说服中国政府签署和批准与教育相关的国际公约、宣言、建议、行动纲领、监测计划等，建议中国政府派驻人员到国际组织总部或区域办事处任职以及用中文出版国际组织的重要教育政策文件和教育工具包，通过调研和咨询报告为中国教育政策制定提供建议，通过提供资金和技术支持在中国基层学校和社区开展教育援助项目。这都有利于世界教育蓝图的核心价值和要素在中国教育政策方面和实践层面的传播。

此外，联合国教科文组织、联合国儿童基金会、世界银行、国际劳工组织、联合国开发计划署等在北京设立的办事处通过开展教育援助项目，与联合国系统、其他政府间的国际组织、国际非政府组织、中国政府相关部门、国内外高等院校、基层学校和社区、国内非政府组织、各类基金会、公司和企业、个人等建立了广泛的合作关系。这些项目将中国与世界、中国政府高层与学校和社区、政府部门与非政府组织、学校与公司企业、大学与中小学等联系起来，让世界教育蓝图的核心价值和理念通过这些关系和网络渠道传播到中国教育的各个层面。

除了国际组织的援助，中国自身也在积极主动地融入世界教育蓝图。2010年颁布的《国家中长期教育改革和发展规划纲要（2010—2020年）》第十六章也强调中国未来的教育要继续扩大开放程度：“加强国际交流与合作，借鉴先进的教育理念和教育经验促进我国的教育改革和发展；引进优质的教育资源；提高交流合作的水平。”

三十多年来，经过国际组织的支持和援助；国内学术界的探索和引进；大众传媒的宣传和出版；中国政府积极主动的接纳；各教育单位自身的努力实践；中国的教育已经逐渐摆脱了苏联模式的限制，实现了与国际社会的接轨，至少在理念和政策层面已经和国际社会保持了一致的趋势。

全民教育、全纳教育、终身教育与学习型社会、环境教育、和平教育、语言文化多样性教育、国际理解教育、跨境教育、可持续发展教育；通过教育培养人力资源、培养学生的创新和批判性思维、高等教育国际化战略等已经成为中国教育政策、教育研究、教育实践、教育媒体中的主流话语，得到了全社会的广泛认可和接纳。此外，中国也积极主动参与经合组织的教育概论统计、PISA和TALIS测评，积极建设“世界一流大学”，意味着中国的教育不仅深受联合国教科文组织、世界银行和联合国儿童基金会这类偏向于发展中国家的国际组织的影响，而且受到整个世界教育蓝图的影响。

三、中国也将为世界教育蓝图的发展做出贡献

当然，由于自身政治体制的特殊性和中国传统文化的影响，中国的教育发展中也出现了一些与世界教育蓝图相分离的地方，比如坚持大德育教育体系、孔子学院的开办、私塾和书院的复兴等，但这些并不影响中国教育的整体发展方向。这些教育思想和实践的发展还可能为世界教育蓝图贡献新的理念和要素。

上海2009年首次参加国际学生评估项目，并在当年的主测科目“阅读”测试中位居全球第一，而且在辅测的“数学”和“科学”中也位居榜首。2012年，上海继续在国际学生评估项目的数学、阅读和科学三科测试中以第一名的优势遥遥领先，吸引了全球对上海教育模式的关注和兴趣。2013年，上海首次参与经合组织的国际教学测评，上海教师水平远超国际均值，再次引发了国际社会对上海教师的关注。

此外，由上海交通大学开发的“世界大学学术排行榜”已经成为三大全球性排行榜之一，并在国际社会获得了广泛的认可和好评。

在国际组织三十年对中国的教育援助项目中，积累和提炼了很多成功的经验和典型的方案，这些经验也正在通过国际组织这个全球性的平

台向世界推广。而且，随着中国经济的快速发展，中国也正在从受援国向援助国的身份转变，这也为中国教育走向世界提供了基础和平台。2012年3月2日，中国教育部副部长兼中国联合国教科文组织全国委员会主任郝平与联合国教科文组织总干事伊琳娜·博科娃共同签署协议，设立了一项总额达800万美元的信托基金用于援助非洲的教育，标志着中国对外教育援助迈向了一个新的里程，中国成功的教育经验也将通过这个平台向非洲传播。并且，随着“一带一路”战略的逐步推进，中国成功的教育经验、方案和模式也将传播到更多的国家和地区，走向世界。

参考文献

中文文献：

1. 安娜. 中国学制百年变迁[J]. 教育家，2004（1）.

2. 柏杰，苏竣. 加入 WTO 对我国高等教育的影响及对策[J]. 高等教育研究，2001，22（5）.

3. 陈敏，熊建辉. 以开放促合作，以创新求发展——与联合国教科文组织合作伙伴关系研讨会综述[J]. 世界教育信息，2010（2）.

4. 陈应鹤. 人力投资与经济增长——舒尔茨的“人力资本”理论述评[J]. 社会科学，1991（6）.

5. 陈晓红. MBA 教育的起源、本质和发展趋势[J]. 现代大学教育，2002（3）.

6. 杜育红，梁文艳. 教育投入对学生发展的影响——对西发项目影响力评价研究设计的反思[J]. 教育学报，2010，6（6）.

7. 方勇，李建忠. THE-QS 世界大学排行榜评析[J]. 大学·研究与评价，2009（6）：76-81.

8. 冯琳. 消除数字鸿沟促进教育均衡化发展——联合国儿童基金会与中国合作远程教育项目访谈综述[J]. 中国远程教育，2009（19）.

9. 付艳萍. 联合国教科文组织联系学校项目实践概述[J]. 基础教育研究，2011（5）.

10. 傅淳. 爱生学校与《儿童权利公约》——以学生为本尊重和保护学生权利的教育理念和实践[J]. 学术探索，2002（3）.

11. 范文曜，闫国华. 高等教育发展的财政政策—— OECD 与中国[M]. 北京：教育科学出版社，2005.

12. 葛喜艳. 中国终身教育发展的回顾与反思——政策分析视角[J]. 成人教育，2013（8）.

13. 谷贤林. 百年回眸：外来影响与中国高等教育发展[J]. 北京科

技大学学报（社会科学版），2001，17（1）.

14. 郭婧. 国际教育规划研究所会议聚焦世界一流大学建设[J]. 世界教育信息，2013（4）.

15. 规划纲要工作小组办公室. 国家中长期教育改革与发展规划纲要（2010—2020年）[R]. 2010.

16. 国家教育委员会. 联合国儿童基金会与中国的教育合作[J]. 国际贸易，1995（10）.

17. 何齐宗. 教育的新时代：终身教育的理论与实践[M]. 北京：人民出版社，2008.

18. 黄志成. 教育公平——全纳教育的基本理念探析[J]. 比较教育研究，2010（9）.

19. 梁西. 现代国际组织[M]. 武汉：武汉大学出版社，1984.

20. 刘昉. 世界银行贷款甘肃教育项目执行概况[J]. 天水师专学报（理科版），1991（3）：1-7.

21. 刘海南. 论新中国教育方针的演进与启示[J]. 西南师范大学学报（哲学与社会科学版），1999（5）.

22. 刘志民，何红中，张振华，等. 七个“追赶型”国家建设世界一流大学的重大举措比较[J]. 现代大学教育，2012（4）.

23. 卢晓中. 当代世界高等教育理念及对中国的影响[M]. 上海：上海教育出版社，2001.

24. 李庆豪. 国外 MBA 教育排名简介[J]. 学位与研究生教育，2007（10）.

25. ［美］理查德·W. 斯科特，查拉德·F. 戴维斯. 组织理论——理性、自然与开放系统的视角[M]. 高俊山，译. 北京：中国人民大学出版社，2011.

26. ［美］沃尔特·W. 鲍威尔，保罗·J. 迪马吉奥，主编. 组织分析的新制度主义[M]. 姚伟，译. 上海：上海人民出版社，2008.

27. 茆永红. 国际非政府组织的在华活动及影响[D]. 南京：南京师范大学，2009：24-25.

28. 孟梅丽. 联合国教科文组织国际农村教育研究与培训中心在中国的实践与探索[J]. 世界教育信息，2006（3）.

29. 牛征. 教育经费占 GDP、财政支出与国民收入比例的研究

[C]. 2009年中国教育经济学学术年会论文集，2009.
30. 潘涌. 论外国教育思潮的影响与中国现代教育的价值转型[J]. 社会科学战线，2006（3）.
31. 潘忠. 联合国开发计划署援助与中国的发展—— 一个国际多边发展援助案例的研究[D]. 北京：中国人民大学，2006.
32. 彭正梅. 理解与放飞：聚焦首届中国全纳教育大会[J]. 世界教育信息，2009（6）.
33. 乔鹤. 联合国儿童基金会的教育政策及其实践研[D]. 北京：北京师范大学，2011.
34. 饶戈平. 国际组织法[M]. 北京：北京大学出版社，1996.
35. 沈俊强. 中国与联合国教科文组织教育合作关系研究——以“全民终身教育”为视角[D]. 上海：华东师范大学，2009.
36. 沈蕾娜，滕珺，乔鹤. 国际教育发展最新趋势研究——2011—2012年度国际组织教育政策文本解读[J]. 比较教育研究，2013（10）.
37. 沈蕾娜. 隐形的力量：世界银行的高等教育政策及其影响[M]. 北京：高等教育出版社，2011.
38. 沈雪霞. 提高基础教育质量：世界银行的立场[D]. 上海：华东师范大学，2011.
39. 石炯. 从世界看中国教育——2006年全球教育发展趋势分析[J]. 世界教育信息，2007（1）.
40. 世界银行与国务院发展研究中心联合课题组. 2030年的中国：建设现代、和谐、有创造力的社会[M]. 北京：中国财经出版社，2013.
41. 世界银行驻华代表处. 业务概览[C]. 2012.（内部资料）
42. 宋忠赤. 联合国儿童基金会的资助与我国农村受援地区基础教育发展[D]. 北京：北京师范大学，1997.
43. 孙海涛，高炜红，吴剑平. 全球性大学排行榜中的世界一流大学[J]. 清华大学教育研究，2007，28（2）.
44. 孙玲. 教育投资效益研究——世界银行贫困省教育发展项目案例分析[J]. 教育发展研究，2004（2）.
45. 孙若梅. 联合国儿童基金会在中国的扶贫调查报告[R]. 社会扶贫行为中的政府行为调查报告，2001.

46. 滕珺．游走在“自由主义”与“保守主义”之间——联合国教科文组织教育政策的话语变迁[D]．北京：北京师范大学，2010.

47. 滕珺．价值理性与工具理性的抉择——联合国教科文组织教育政策的话语演变[J]．教育研究，2011（5）.

48. 王根顺，崔艳丽．浅析世界银行教育贷款对我国西部基础教育的作用[J]．中国农业教育，2008（1）.

49. 王巧玲．可持续发展教育的有效推进——中国可持续发展教育项目特色评述[J]．北京师范大学学报：社会科学版，2008（6）.

50. 王晓辉，谷小燕，翁绮睿．国际教育规则与全球教育治理[J]．中国人民大学教育学刊，2012（1）.

51. 王正青．社会冲突中的和平教育[J]．教育学术月刊，2009（10）.

52. 王晓辉．全球教育治理——鸟瞰国际组织在世界教育发展中的作用[J]．北京大学教育评论，2008，6（3）.

53. 翁绮睿．家庭因素影响小学生阅读素养的跨文化比较研究[D]．北京：北京师范大学，2013.

54. 谢喆平．中国与联合国教科文组织的关系演进——关于国际组织对成员国影响的实证研究[M]．北京：教育科学出版社，2010.

55. 许鑫．共同为中国儿童的美好未来而努力——专访联合国儿童基金会驻华代表魏英瑛博士[J]．中国民族，2010（9）.

56. 许庆端，陈荣秋，吴发沛．加拿大 MBA 教育的发展与改革动向[J]．管理工程学报，1993（4）.

57. 雅克·德洛尔．教育——财富蕴藏其中[M]．联合国教育文组织总部中文科，译．北京：教育科学出版社，1996.

58. 杨东平．中国传统教育的现代命运[J]．清华大学教育研究，1999（2）：26-31.

59. 叶林．大学排行榜：一个世界性的话题[J]．浙江外国语学院学报，2012（6）.

60. 张黎俐，万学红．世界一流大学排行榜的特征及启示[J]．教育评论，2006（6）.

61. 张民选，朱兴德，吕杰昕，等．公平而卓越：世界教育发展的新追求[J]．教育发展研究，2008（19）：1-5

62. 张旺．大学排行榜对高等教育的影响及思考——基于世界主要大学排行榜的分析[J]. 比较教育研究， 2012（4）.

63. 张晓鹏. 大学排名与世界一流大学建设——第一届 “世界一流大学” 国际研讨会述评[J]. 复旦教育论坛， 2005（4）.

64. 章百家. 中国外交成长历程中的观念变迁——从革命的、民族的视角到发展的、全球的视野[J]. 外交评论：外交学院学报，2009，26（3）.

65. 郑丹. 国际教育经验本土化的利益博弈——以教育部—儿基会（2006—2010周期）项目为例[D]. 北京：北京师范大学，2009.

66. 中国联合国教科文组织全国委员会秘书处，联合国教科文组织驻北京办事处，编. 中华人民共和国联合国教科文组织全国委员会史迹[M]. 北京：中国联合国教科文组织，2006.

67. 中国教育与人力资源问题报告课题组. 从人口大国迈向人力资源强国[M]. 北京：高等教育出版社，2003.

68. 中央教育科学研究所比较教育研究中心. 世界教育发展的新趋势[J]. 比较教育研究，2002（7）.

69. 周满生. 从教育服务贸易到跨境教育——第二届教育服务贸易论坛侧记[J]. 教育研究，2004（6）.

70. 朱国仁. 新世纪国际教育改革发展动向及启示[J]. 清华大学教育研究，2010（3）.

71. 朱生营. 世界银行对中国的教育贷款研究[J]. 铜仁学院学报，2007（1）.

72. 周雪光. 组织社会学十讲[M]. 北京：社会科学文献出版社，2003.

英文文献：

1. Albert J. Bergesen. Studies of the Modern World-system[M]. New York: Academic Press. 1980.

2. Baker, David, Gerald K. LeTendre. National differences, global similarities: World culture and the future of schooling[M]. California: Stanford University Press, 2005.

3. Benedict Anderson. Imagined Communities: Reflections on the Origin and Spread of Nationalism [M]. New York: Verso, 1991.

4. Bray, Mark, Maria Manzon, and Vandra L. Masemann. Common Interests, Uncommon Goals: Histories of the World Council of Comparative Education Societies and its Members [J]. Hong Kong, China: Comparative Education Research Centre, University of Hong Kong, 2008.

5. Colette Chabbott. Constructing Education for Development—International Organizations and Education for All [M]. New York and London: RoutledgeFalmer, 2003:1.

6. David J. Frank, John W. Meyer. The Profusion of Individual Roles and Identities in the Post-War period [J]. Sociological Theory, 2002, 20 (1).

7. David Strang, John W. Meyer. Institutional Conditions for Diffusion [J] . Theory and Society, 1993, 22 (4).

8. Evan Schofer, Ann Hironaka, David J. Frank, et al. Sociological institutionalism and World society [J]. The Wiley-Blackwell Companion to Political Sociology, 2012, 33.

9. Francisco O. Ramirez, John Boli. The political construction of mass schooling: European origins and worldwide institutionalization [J]. Sociology of education, 1987.

10. Francisco O. Ramirez, Richard Rubinson, John Boli-Bennett. The world educational revolution, 1950—1970 [J]. Sociology of education, 1977, 50 (4) .

11. Francisco O. Ramirez. The world society perspective: concepts, assumptions, and strategies [J]. Comparative Education, 2012, 48 (4).

12. KRUCKEN G. and DRORI G. . World Society: The Writings of John W. Meyer [M]. New York: Oxford University Press, 2009.

13. George Psacharopoulos. Financing Education in Developing Countries: An Exploration of Policy Options [J]. Comparative Education Review, 1988, 32 (1).

14. Gili S. Drori, John W. Meyer, Francisco O. Ramirez, et al. Science in the Modern World Polity: Institutionalization and Globalization [M]. California: Stanford University Press, 2003.

15. Hilary Landorf, Stephanie Doscher, Tonette Rocco. Education for Sustainable Human Development Towards a Definition [J]. Theory and Re-

search in Education, 2008 (6).

16. John Boli, George M. Thomas. Constructing world culture: International non-governmental organizations since 1875 [M]. California: Stanford University Press, 1999.

17. John Boli, George M. Thomas. World culture in the world polity: A century of international non-governmental organization [J]. American sociological review, 1997, 62 (2).

18. John G. Ruggie. Continuity and transformation in the world polity: Toward a neorealist synthesis [J]. World Politics, 1983, 35 (2).

19. John W. Meyer, Brian Rowan. Institutionalized Organizations: Formal Structure as Myth and Ceremony [J]. American Journal of Sociology, 1977, 83.

20. John W. Meyer, John Boli, George M. Thomas, et al. World society and the nation-state [J]. American Journal of sociology, 1997, 103 (1).

21. John W. Meyer, John Boli, George M. Thomas. Ontology and Rationalization in the Western Cultural Account, in Institutional Structure: Constructing State, Society and the Individual [M]. London: Sage, 1987.

22. John W. Meyer, Ronald L. Jepperson. The "Actors" of Modern Society: The Cultural Construction of Social Agency [J]. Sociological Theory, 2000, 18 (1).

23. John W. Meyer. The structuring of a world environmental regime, 1870—1990 [J]. International organization, 1997, 51 (4).

24. John W. Myer. Globalization: Sources and Effects on National States and Societies [J]. International Society, 2000, 15 (2).

25. John W. MeyerWilliam R. Scott. Organizational environments: Ritual and rationality [M]. CA: Sage, 1983.

26. JuergenSchriewer. Discourse formation in comparative education [M]. New York: Peter Lang, 2000.

27. Kathleen Thelen. Historical Institutionalism in Comparative Politics [J]. Annual Review of Political Science, 1999, 2.

28. Lubasz H. The development of the modern state [M]. London: Macmillan, 1964.

29. Max Weber. The Protestant Ethic and the Spirit of Capitalism [M]. New York: Scribner, 1958.

30. Morris, Colin. The Discovery of the Individual, 1050—1200 [M]. Toronto: University of Toronto Press, 1987.

31. Pamela S. Tolbert, Lynne G. Zucker. Institutional sources of change in the formal structure of organizations: The diffusion of civil service reform, 1880 —1935 [J]. Administrative Science Quarterly, 1983 (28).

32. Peter A. Hall, Rosemary C. R. Taylor. Political Science and the Three New Institutionalisms [J]. Political Studies, 1996, 44 (5).

33. Philip Altbach, Robert Arnove, Gail Kellye. Comparative Educaiton [C] . New York: Macmillan, 1982.

34. Phillips W. Jones. World Bank Financing of Education: Lending, Learning and Development [M]. London: Routledge, 1992.

35. Robert A. Nisbet. History of the Idea of Progress [M]. New Jersey: Transaction publishers, 1980.

36. Robert Alford et al, eds. Handbook of Political Sociology [M]. New York: Cambridge University. 2005.

37. Stephen D. Krasner. International regimes [M]. New York: Cornell University Press, 1983.

38. Stephen P. Heyneman. Development Aid in Education: A Personal Review [J]. International Journal of Educational Development, 1999 (19).

39. Steven J. Klees, Joel Samoff and Nelly P. Stromquist (Eds.). The World Bank and Education: Critiques and Alternatives [M]. Boston: Sense Publishers, 2012.

40. UNESCO. Philosophy and Scope of Overall Planning for Education [R]. Paris: the United Nations Educational Scientific and Cultural Organization, 1958.

41. Union of International Associations. Yearbook of International Organizations. 2013.

42. Ved P. Nanda. Global human rights: Public policies, comparative measures, and NGO strategies [M]. Colorado: Westview Press, 1981.

43. William K. Cummings, N. F. McGinn. International handbook of

education and development: Preparing schools, students and nations for the twenty-first century [M]. Oxford: Pergamon, 1997.

电子文献：

1. 教科文组织全国委员会秘书处. 中国与联合国教科文组织合作的回顾与展望——纪念党的十一届三中全会召开暨中国教科文组织全国委员会成立 20 周年 [EB/OL]. http://www.skycedu.com/ex/web/old/teacher/jyxx/22.htm.

2. 联合国教科文组织统计研究所. 国际教育标准分类法 2011[M]. 2013，http://www.uis.unesco.org.

3. 世界银行集团. 全民学习：投资于人们的知识和技能以促进发展[J/OL]. http：//www.worldbank.org/educationstrategy2020.

4. IEA. Reading Literacy Study [R]. http://www.iea.nl/reading_literacy_study.html.

5. Ministry of Education & Human Resources Development of Republic of Korea. Brain Korea 21, a project for Nurturing Highly Qualified Human Resources for the 21st Century Knowledge-based Society [R]. http://unpan1.un.org/intradoc/groups/public/documents/apcity/unpan015416.pdf.

6. National Higher Education Action Plan 2007—2010 [R]. http://planipolis.iiep.unesco.org/upload/Malaysia/Malaysia% 20Higher% 20education% 20action%20plan%20 2007—2010.pdf.

7. OECD. Education at a Glance 2013: OECD Indicators [R]. http://www.oecd.org/edu/eag2013%20(eng)--FINAL%2020%20June%202013. pdf.

8. OECD. Measuring tudent Knowledge And Skills：A New Framework for Assessment [R]. http://www.oecd.org/edu/school/programme for international student assessment pisa/33693997.pdf.

9. World Council of Comparative Education Societies (WCCES). 2013. Member Societies[J/OL]. http://www.wcces.com/alphbetical.html.

10. Wolfram Schulz, John Ainley, Julian Fraillon. ICCS 2009 Technical Report[R/OL]. http://www.iea.nl/fileadmin/user_upload/Publications/Electronic_versions/ICCS_2009_Technical_Report.pdf. P16.

后　　记

从2009年进入比较所（虽然早已更名为国际与比较教育研究院，但仍旧习惯性地这样称呼，觉得很亲切）至今已经五年了，送走了一届又一届的师兄师姐们，如今轮到自己，感慨万千。即将结束自己的学生生涯，开始一段新的人生旅程。回首过去，我取得的每一项成就都离不开师长们的教导和亲友们的支持。

感谢比较所的老师五年来对我的谆谆教诲和悉心指导！回顾过去五年在比较所这个大家庭的生活，时常浮现在脑海的是老师亲切的形象，他们是我对比较所最珍贵的回忆。顾明远和王英杰两位老先生在开学典礼致辞中对莘莘学子的殷切期待是对我学习和研究的最好激励与鞭策；曲恒昌老师对比较所历史的娓娓道来让我深感作为师大比较所一员的光荣以及未来肩负的使命；台灯下曲老师认真审稿的身影增添了我对学术的敬畏之心；王璐老师和张玉婷老师的亲切笑容让人如沐春风；刘宝存老师为改善我们的学习条件而辛勤操劳让他白了鬓发；肖甦老师爽朗的笑声和优美的歌声时常在我耳边回荡；项贤明老师对学术的孜孜矻矻地追求让我感受到了知识分子风骨独标的气质；谷贤林老师在课堂上的旁征博引和好记性让人深感折服；孙进老师的课堂让我领略了德国式的严谨；学术与生活、学术与时尚在高益民老师身上得到了完美结合；岁月的痕迹在马健生老师身上止住了脚步，我的印象中他总是一副精气神十足的样子；李家勇老师留给我们的总是忙碌的背影；姜英敏老师带我们领略了独特的韩国文化和教育；干练的学术研究和动听的“枉凝眉”歌声让我领略了滕珺老师刚柔相济的独特气质；杨明全老师总是一副和蔼可亲的样子；刘强老师流利的英语让人钦羡不已；曾晓洁老师以资深编辑的经验为我们提供了学术文章写作的指导。毕业答辩之时有幸聆听林杰老师的精彩点评，圆满了我对比较所老师们的回忆。

进入比较所，有幸拜读于王晓辉教授门下，从王老师的言传身教中我深深体会到了与世无争的为人之道、严谨求真的为学之道。擅长法国教育研究的王老师给了我这个英语背景学生无限的学术自由，尽量尊重我自己的阅读和研究兴趣。硕士期间，我曾专注于美国教育领域；硕博连读之后，我又在王老师的引导下逐渐转到国际组织教育政策的研究领域，并从中找到了博士论文的研究方向。感谢王老师对我论文选题给予的支持，是王老师为我提供了访谈国际组织教育官员、参与国际组织项目实习和见习的机会，使得我有勇气去探索国际组织对中国教育发展的影响。感谢王老师对我出国学习和深造的鼓励，是王老师的阵阵催促让本已放弃出国念头的我又重新开始了申请之路，最后得到了去斯坦福学习的机会。感谢王老师在我论文写作过程中给予的谅解和宽容，在我回国之时仍未完成论文并萌生延期打算之时，王老师并没有严厉呵斥，只是让我不要轻言放弃，咬紧牙关坚持写，写完一章给他看一章，是王老师的温柔鼓励让我按时完成了论文。感谢王老师平时在生活上对我的关心和体谅，是王老师的亲切与和蔼让我这个远离家乡的学子也能时常感受到来自师门的温暖。

特别感谢谷贤林老师在我论文选题未定，万分痛苦的日子里倾听我混乱的想法，为我厘清思路，并鼓励我勇敢前行；感谢谷老师五年来对我的谆谆教诲和悉心指导。特别感谢项贤明老师、高益民老师、肖甦老师在我论文开题中提出的宝贵意见。

特别感谢联合国教科文组织北京办事处的何培、李红艳和许洁英老师、赵天娴、孟楠、范小红、沈悦、李阿姨；世界银行北京办事处的肖丽萍老师和苏涛姐；联合国儿童基金会北京办事处的郭晓平老师和杜媛师姐；国际劳工组织北京办事处的郭嘉老师。感谢他们能够接受我的访谈，为我提供相关的资料，并给予我参与教育援助项目见习的机会。

感谢斯坦福大学社会学系的约翰·迈耶（John W. Meyer）教授接受我作为访问学生去斯坦福学习。已接近80高龄约翰·迈耶教授仍然精神矍铄，坚持到学校办公、为学生上课、主持学术论坛。感谢迈耶教授对我每一个问题的耐心回答和解释，对我博士论文写作的建议和鼓励。特别感谢斯坦福大学教育学院的弗朗西斯科·拉米雷兹（Francisco O. Ramirez）教授特许我旁听他的两门课程，并给予我全部的阅读资料；感谢他每周给予我的解疑时间和对我博士论文研究框架的调整建议，正是在这两位教授的引导下，我修订了原来的研究框架，写成了现在的博士论文。

感谢斯坦福Jeremy，Julia，Peggy，Naejin博士对我学习和生活的帮助；感谢李珺及姑姑、叔叔在我留学期间对我的热情帮助和悉心照顾；感谢刘丽红师姐、林云、尚微和赵敬老师、王粟旸、胡妤、孙洁、卜丽虹、刘辉等在美国的陪伴和相助。

感谢各位同门师兄师姐、师弟师妹对我五年来的帮助、鼓励与陪伴，他们是与我一起进入师门的许晓蕊、杨庆霞；先于我毕业的孟雅君、霍琳、覃英儒、刘军仪、刘敏、杨婷婷师姐，李礼、沙建华、刘育光、王怡伟师兄，翁绮睿师妹和励红根师弟；即将与我一同毕业的黄喆和王玉师妹；仍旧在读的杨秀治师姐、侯鹏生师弟、张梦琦和董筱婷师妹；还有常回师门与我们团聚的杨晓波和刘建红师姐。五年的师门情谊终生难忘，五年的共同生活营造了师门小家庭的温暖。特别感谢刘敏师姐对我学习、工作和生活的帮助！

感谢硕士室友赵颖、邢欢、高梦琼三年的风雨相伴，从大运村到十六楼的不离不弃。静夜里的卧谈会让我们更加接近彼此，情同手足。感谢硕士期间王雪双、王黎、王蓉、焦阳、贾宁杰、陈志强和所有2009级硕士同学三年的相伴。感谢博士室友潘晓青、曲霞两位姐姐，博士同学陈晨、李彤彤、杨志、李涵颖、孙琪、杨虹军、李禅娟、张晓光和所有11级博士同学三年的陪伴和相助。

感谢我的爱人罗茜元先生一直以来对我的支持和鼓励：在我论文开题和写作过程中对我暴躁脾气的无限容忍；对我出国学习的慷慨支持。感谢家人和亲人对我漫漫求学路的默默支持。感谢一路走来默默支持和鼓励我的朋友们！

最后，对“教育、社科、医学联校论文奖计划”无偿提供资助的香港圆玄学院和汤伟奇博士、“联校论文奖计划”发起人之一的杜祖贻教授表示衷心的谢意，你们的肯定增加了我前行的勇气！